Linda Thomas

Frühjahrsputz

Linda Thomas

Frühjahrsputz

Putzen als kulturelle Tradition
und andere schöne Dinge

Verlag am Goetheanum

Impressum
Der Verlag am Goetheanum im Internet: www.vamg.ch
Einbandgestaltung von Wolfram Schildt / Anna S. Fischer unter Verwendung von Fotos von © asf / iStockphoto.com/vamg

Lektorat: Anna S. Fischer, Dornach
Satz: Wolfram Schildt, Berlin
Druck und Bindung: Druckhaus Nomos, Sinzheim
ISBN 978-3-7235-1520-4

Inhalt

Vorwort

Ich bin in Südafrika aufgewachsen und habe als Kind nie geputzt. Damals gab es noch die Apartheid und fast alle weißen Südafrikaner hatten Bedienstete, auch wenn sie so arm waren, wie wir es waren. Die Einheimischen waren eben noch ärmer.

Bei uns auf dem Hof wohnten zwei Familien. Die Männer arbeiteten auf dem Land und die Frauen halfen im Haus. Sie putzten, wuschen, bügelten und verbrachten Stunden auf den Knien beim Bodenschrubben, -wachsen und -polieren. Noch heute empfinde ich das Bedürfnis, den Boden auf den Knien zu putzen, wenn ich ihm eine besondere Pflege zukommen lassen will.

Was ich nie vergessen werde, ist, dass diese Frauen es nie eilig hatten. Sie hatten den ganzen Tag Zeit, jeden Tag von Montag bis Freitag. Meistens kamen sie aber am Vormittag, um nachmittags zu Hause bei ihren Kindern zu sein. Sie erzählten sich bei der Arbeit Geschichten, sangen Lieder und lachten viel.

Ich habe es noch als Kind erlebt, vor allem in der Landwirtschaft, aber auch im Straßenbau (dort, wo der rhythmische Teil der Arbeit noch nicht an die Technik delegiert wurde), wie gerne die Einheimischen in Südafrika beim Ausheben von Gruben nach dem Rhythmus eines Vorsängers arbeiteten. Als dann aber einmal ein weißer Vorarbeiter meinte, der Rhythmus sei zu langsam, sie sollten mit dem Singen aufhören, ging die Arbeit überhaupt nicht mehr weiter. Später, als ich schon arbeitete, gab es an einer Straßenecke in Johannesburg einen kleinen schwarzen Schuhputzer. Ich beobachtete ihn sehr gerne bei seiner Arbeit, die er mit Herzenslust und Freude machte. Er sang dabei immer lustige, muntere Liedchen. Einmal kam ein Pfarrer, um seine Schuhe putzen zu lassen, und fragte den Jungen, warum er nicht ein Loblied an den Herren sänge, während er so arbeitete. Sofort stimmte der Junge einen Kirchgesang an. Nach zwei Strophen hörte er auf und sagte: „Nein, Master, bei dem Tempo werde ich ja nie fertig!"

Auf dem Hof hatten wir, wie viele andere Häuser, auch einen riesigen *Stoep*, eine Art Veranda, die fast um das ganze Haus ging. Der Boden war aus Zement, wurde aber mit rotem Wachs eingelassen und auf Hochglanz poliert. Dies passierte jede Woche und wurde immer auf den Knien gemacht! Meistens hatten die Frauen noch ein Baby auf dem Rücken. Und immer summten sie dabei. Weitere „Knie-Arbeit" war das Bürsten der Teppiche. Wir hatten keine Elektrizität, also auch keinen Staubsauger. Die Frauen bürsteten den Teppich – zum Glück gab es nur einen einzigen in der „guten Stube“ – mit einem Handfeger mit festen Borsten. Zwei Mal im Jahr wurde er nach draußen getragen, über eine kleine Mauer geworfen und ausgeklopft.

Die Häuser dieser Frauen waren Lehmhütten mit Grasdächern. Die Wände und Böden wurden mit einer Mischung aus Erde und Kuhmist bestrichen, die sie gelegentlich erneuerten. Auch sie hatten eine Art *Stoep,* einen kleinen Bereich vor der Hütte, der auch mit der Kuhmist-Mischung bestrichen und mit einigen Steinen eingegrenzt war. Viele afrikanische Volksstämme malen die Fassaden ihrer Hütten mit verschiedensten Formen wunderschön farbig an. Schon als Kind stand ich sehr gerne früh auf und beobachtete manchmal eine der Frauen, wie sie mit einem Besen aus zusammengebundenem Gras und feinen Zweiglein in der Hand aus ihrer Hütte kam. Sie schaute meist einen Moment lang ganz ernst in den Tag hinein, dann drehte sie sich zum Eingang, bückte sich mit einer unbeschreiblichen Anmut weit vornüber, den Kopf fast auf der Erde, und begann, den Boden mit ganz rhythmischen Bewegungen zu fegen. Immer rückwärts laufend, bis an die Grenze des kleinen Umfelds. Dann richtete sie sich auf, blieb einen Moment stehen, um dann langsam zurück in die Hütte zu gehen. Als ich sie einmal darauf ansprach und fragte, warum sie beim Putzen rückwärts lief, sagte sie: „Wer als Erster den frisch gefegten Weg zurück in die Hütte geht, spricht einen Segen über das Haus. Ich spreche jeden Tag den Segen.“

Die Wäsche wurde von Hand mit einer selbstgekochten Seife aus Lauge und Fett gewaschen und meistens auf der Wiese getrocknet. Die Frauen gaben sich sehr viel Mühe, alles so glatt wie möglich auszulegen, weil es dann einfacher zu bügeln war. Das Bügeln war eine Sache für sich. Es gab Bügeleisen aus Gusseisen in vielen verschiedenen Größen. Die Kleinsten waren für die Ärmel und die Großen, viel schwerer als ein Kilogramm, waren für die Bettwäsche. Sie wurden auf dem Holz- oder Kohleofen erhitzt, und die Frauen mussten sehr vorsichtig sein, dass sie ja sauber waren und vor allem nicht zu heiß, bevor sie zu bügeln begannen.

Sonst habe ich fast keine Erinnerungen an das Putzen in meiner Kindheit. Ostern wurde bei uns nicht groß gefeiert. Es war oft schon kalt, weil es Herbst war. Wir waren viel mehr mit dem Zusammenkehren von Blättern beschäftigt als mit Hausputz. Der große Hausputz fand bei uns eher im späten Frühling oder im Dezember statt, weil immer viele Verwandte und Freunde über die Festtage zum Besuch kamen.

Als Neunzehnjährige hatte ich meine erste Wohnung und machte mich sofort auf die Suche nach jemandem, der für mich putzen konnte. Mir kam es keinen Augenblick in den Sinn, dass ich es auch selber machen könnte! Mein großes Aufwacherlebnis hatte ich, als ich 23-jährig und frisch verheiratet in die Schweiz kam. Hier gab es keine Schwarzen, und ich konnte mir nicht vorstellen, dass eine weiße Frau mein Haus putzen sollte, vor allem nicht eine, die älter war als ich! So lernte ich dann doch zu putzen, ohne überhaupt zu wissen womit. Ich erinnerte mich an nur drei Sachen, die meine Mutter verwendete: die hausgemachte Seife, Vim (oder Cif) und etwas, das nach Ammoniak roch und „Handy Andy“ hieß. Ich machte mich auf die Suche, aber das einzige Produkt, das ich in der Schweiz in dieser Richtung finden konnte, war ein Fensterputzmittel. Zum Glück half meine Schwägerin etwas nach und zeigte mir, was ich wofür benutzen konnte. Doch richtig zu putzen lernte ich erst, als ich mich (mit 34 Jahren) entschied, eine Reinigungsfirma zu gründen, um die Waldorf- oder Rudolf-Steiner-Schule für meine Kinder finanzieren zu können. Die Idee bekam ich von einer Freundin, die in Arlesheim eine Firma hat, die ökologische Reinigungs- und Waschmittel herstellt. Sie brachte mir alles bei, was ich damals über umweltfreundliche Mittel wissen musste, und sagte mir genau, was ich wo und wie anwenden sollte. Das war 1988, und heute staune ich noch immer über die Folgen dieses Entschlusses. Das Putzen zu lernen hat mein Leben verändert. Ich lernte dadurch sehr viel über die menschliche Natur, die Temperamente, zwischenmenschliche Beziehungen und soziale Zusammenhänge. Alles was ich in meinem Leben wirklich verstanden habe, verdanke ich dem Putzen.

1

DIE URSPRÜNGE

„Und jedem Anfang wohnt ein Zauber inne,
der uns beschützt und der uns hilft zu leben."
HERMANN HESSE [1]

Herkunft des Frühjahrsputzes

Es gibt einige Meinungsverschiedenheiten hinsichtlich der Herkunft des Frühjahrsputzes, wie wir ihn kennen. Einige Quellen sagen, er kommt vom „Nowruz“ oder „Neuen Tag“, dem traditionellen Persischen Neuen Jahr, einem Fest aus dem alten Persien. Dies beginnt genau mit dem astronomischen Frühlingsbeginn. Bei den Parsen in Indien wird dieser Tag immer noch „Jamshēd-i Nawrōz“ genannt. Dschamschid (auch *Jamshid*) erscheint bereits in zoroastrischen Schriften, jedoch auch in späteren Werken der persischen Literatur als eine herausragende Gestalt und ihm wird das Neujahrsfest „Nowruz“ zugeschrieben. Andere Quellen behaupten, sein Ursprung liege in der alten jüdischen Tradition, der gründlichen Reinigung des Hauses als Vorbereitung für das Pessach-Fest, als Gedenken der Befreiung des jüdischen Volkes aus der Sklaverei in Ägypten.

In einem Artikel fasst Josef Joffe diesen gemeinsamen Ursprung wunderbar zusammen:

„Alle paar Jahre fallen das christliche und das jüdische Osterfest (Pessach) zusammen. Mit etwas ökumenischem Eifer darf man auch Nowruz (‚Neuer Tag') einreihen. Obwohl kein muslimischer Feiertag, wird er in weiten Teilen der islamischen Welt, vor allem im Iran, rund um den Frühlingsanfang begangen. Lessings Ringparabel (‚Alle sind Gott gleich lieb') mal anders; der gemeinsame Nenner ist der Frühling, das Wiedererwachen der Natur nach langer Winternacht.

Jeder macht's auf seine Weise. Christen gedenken des Opfertodes und der Wiederauferstehung Jesu. Die Juden feiern die Befreiung aus pharaonischer Knechtschaft und die Wiedergeburt im Gelobten Land. Iraner und verschiedene Schia-Sekten erfreuen sich am Sieg des Lichts über die Dunkelheit.

Aber allen gemeinsam ist das Urthema der Auferstehung: des Sohnes Gottes, des jüdischen Volkes, der Natur. Die drei Religionen haben voneinander geborgt – und alle zusammen von älteren Kulturen, die von dem einen und einzigen Gott keinen blassen Schimmer hatten.

Das christliche Abendmahl ist der jüdische Seder, das Festessen am Vorabend von Pessach. Die Matze, das ungesäuerte Brot, ist zum ‚Leib Christi' geworden, der Wein, der den Juden die Freiheit symbolisiert, zum ‚Blut, das für euch vergossen wird'. Neue Bedeutungen, uralte Symbole, die auf das gemeinsame mythische Erbe verweisen: Befreiung, Erweckung, Erlösung, verheißen die Überwindung des Todes.

Fruchtbarkeitssymbole beherrschen alle drei Feste. Gepriesen wird das Reifen der ersten Saat, symbolisiert durch das frische Grün, das an keinem Tisch fehlen darf. Bei Ostern und Pessach spielen das Ei und das neugeborene Lamm einen zentralen Part; bei Nowruz sind es Gersten- und Linsensprossen. Alle zelebrieren sie den Urmythos des ewigen Lebens.

Übrigens geht jedem dieser drei Feste der Frühjahrsputz (bei den Juden sogar als rituelle Pflicht) voraus, auch dieser ein Symbol des Neuanfangs. Heidnisch oder monotheistisch? Es tut nichts zur Sache, ist doch der Glaube an die Überwindung von Elend, Angst und tiefster Nacht allen gemein, den Natur- wie den abrahamitischen Religionen.

An Ostern, Pessach und Nowruz begrüßen alle den Frühling, der für die tiefreligiöse Erfahrung der Transzendenz steht. Muss man dazu an Gott glauben? Heute leben wir wie die alten Israeliten im Zeitalter der Wanderschaft, wo die Völker sich mischen und reiben.

Im Buch Exodus, dem Überwindungsmythos schlechthin, steht: ‚Die Fremdlinge sollt ihr nicht unterdrücken, denn ihr wisst um der Fremdlinge Herz, dieweil ihr auch Fremdlinge in Ägyptenland gewesen.‘ Ob Heide, Christ oder Muselmann – dieses Ethos ist eine aktuelle Verpflichtung für alle, gläubig oder nicht.“[2]

Das Pessachfest

Während der siebentägigen Einhaltung des Pessach ist eine der wichtigen Vorschriften die Abstinenz von allem Gesäuerten („Chametz“) – sämtliche Backwaren, die mit Mehl zubereitet und zum Aufgehen gebracht wurden, oder zubereitete Nahrungsmittel, die Mehl enthalten.

Der große Frühjahrsputz der jüdischen Tradition erfordert tatsächlich, dass die Häuser während der Dauer der Festtage frei von auch nur den kleinsten Resten des „Chametz“ sind. Es reicht nicht, „Chametz“ einfach als „Staub“ abzuschreiben, kein Krümel davon soll im Haus bleiben: es wird gesucht, entfernt oder verbrannt. Alle Küchenoberflächen werden gründlich gereinigt. Die Kühl- und Gefrierschränke müssen abgetaut und gründlich gereinigt werden. Alle Utensilien, die für Pessach verwendet werden, müssen in kochendes Wasser eingetaucht werden. Türklinken, Lichtschalter und Polstermöbel müssen sehr gut gereinigt, die Kissen von der Couch müssen entfernt, überprüft und abgesaugt werden. Schließlich, wenn alles im Haus für Pessach vorbereitet ist, werden die Böden gründlich geputzt. Nach dem großen Reinemachen werden auch der Besen und der Mülleimer gut gereinigt und der Staubsaugerbeutel wird entsorgt.

Am Vorabend des Festes unternimmt die ganze Familie einen lustigen Umzug durchs Haus: die traditionelle Jagd der Kinder nach „Chametz“-Krümeln bei Kerzenlicht (Bedikat chametz).

Eine besondere Art des Frühlingsputzes findet sich im Zusammenhang mit dem alten Brauch, Zettel mit Wünschen in die Ritzen des über 2000 Jahre alten Steinmauerwerks der Klagemauer zu stecken. Hunderte machen das täglich. Doch was passiert eigentlich mit all den Zetteln? Einfach wegwerfen kann man die Wunschzettel schließlich nicht. Kurz vor Pessach, die Zeit, in der alles zum Frühjahrsputz auf den Kopf gestellt wird, hält der Klagemauer-Rabbi eine Art Bestattungsgebet: Zwei Tage dauert die Generalreinigung, bei der alle Zettelchen gesammelt werden. Am Ende werden die Wunschzettel nicht einfach verbrannt, sondern würdevoll auf dem Ölberg mit exklusivem Blick auf die bedeutendsten Heiligtümer Jerusalems und dem direkten Draht zum Gott der Juden, Muslime, Christen und anderer Glaubensrichtungen „bestattet".

„Nouruz" – Persisches Neujahr

Im Iran (Persien), bevor die eigentlichen Familienfeiern und Feste zu „Nowruz" beginnen, gilt der Frühlingsputz als der wichtigste Teil der Vorbereitungen. Die Hausfrauen haben alle Hände voll zu tun, denn es wird ein „Xanetakani" oder „Khouneh Tekouni", wörtlich „Schütteln des Hauses", gemacht: ein umfangreicher, von oben nach unten durchgeführter, gründlicher Frühjahrsputz. Dieses Ritual gilt für jedermann und jeden Haushalt, egal ob es ein einfaches Zimmer mit minimaler Ausstattung oder ein palastartiges Herrenhaus mit luxuriösen Gegenständen ist. Das einmal im Jahr stattfindende Reinigungsritual ist mehr als das typische, routinemäßige Staubsaugen, Wischen und Staubwischen. In den Häusern vieler Menschen in Iran, Türkei, Irak, Syrien, Indien und Zentralasien beginnt der Prozess des Frühjahrsputzes bereits Wochen vor der Feier. Das Ritual des Frühjahrsputzes wird dadurch eingeleitet, dass die Dame des Hauses alle Schränke und Kommoden, eine nach der anderen, durchstöbert. Sie nimmt alles heraus. Alte und abgenutzte Kleidungsstücke werden entsorgt, die Winterkleidung wird weggeräumt und die „guten" Kleidungsstücke wieder ordentlich eingeräumt. Dann werden Teppiche, Vorhänge, Jalousien, Fenster, Kühlschrank, Herd, Küchenschränke und alle Geräte gründlich gereinigt. Gelegentlich gehört ein frischer Anstrich für das Wohnzimmer und Esszimmer dazu, und manchmal werden sogar die Polster der Stühle erneuert.

Diese Prozesse dienen auch als symbolische Erinnerung, den Geist des Frühlings ernst zu nehmen und auch die Herzen und Köpfe zu befreien: den angesammelten Groll und negative Gefühle loszulassen und das neue Jahr mit einer neuen Haltung und positiven Einstellung zu beginnen. Die bewusste Hausmutter begrüßt die „Nowruz"-Feierlichkeiten mit Freude, atmet die frische Luft des kommenden neuen Jahres ein und nimmt mit jedem Atemzug die anspruchsvolle Aufgabe, das Leben in jedem Moment in vollen Zügen zu leben, in sich auf.

Wenn „Nowruz" eintrifft, ist das Haus blitzblank, organisiert und ordentlich. Alle kaputten Gebrauchsgegenstände sind entsorgt und die Kinder in ihre neue Frühlingskleidung gekleidet.

Ein wichtiger Bestandteil des Neujahrsfestes ist die Zubereitung des „Sofre-ye Haft-Sin" oder „Nowruz"-Tischs und des aus sieben Früchten bestehenden

Neujahrsgetränks „Haft Mewa". Es werden sieben Speisen zubereitet, die möglichst mit dem Buchstaben „S" beginnen sollten und die sieben Tugenden des Zoroastrismus symbolisieren. Am Vorabend des Neujahrstages brennt in jedem Zimmer des Hauses eine Kerze (Symbol des Lichts). Auf einem festlich gedeckten Tischtuch, das bei manchen Familien am Boden oder auf einem Tisch liegt, werden sieben Gegenstände ausgebreitet, die mit dem Buchstaben „S" (pers. Sin) beginnen: „Sabze" (Weizen- oder Linsensprossen), „Samanu" (eine süße Speise aus Keimlingen der sieben Getreidesorten), „Sir" (Knoblauch), „Serke" (Essig), „Somagh" (saures Gewürz), „Sib" (Apfel) und „Senjed" (Mehlbeeren). Außerdem kommen „Sekke" (Münzen), häufig auch „Sonbol" (Hyazinthe) sowie „Sepand" (eine wilde Rauke) – für den Weihrauch – hinzu.[3] Zusätzlich werden ein Spiegel (Symbol für Glück), ein oder mehrere Goldfische, die in einem durchsichtigen Wasserkrug schwimmen, eine Kerze, ein Stück Brot, bemalte harte Eier sowie ein heiliges Buch wie der „Diwan-e Hafez" (Gedichtband von Hafez), der Koran bei Muslimen, die Bibel bei Christen, das Avesta oder ein Bild Zarathustras bei den Zoroastriern dazu gelegt.

Nachdem man sich metaphorisch von allem Staub des Vorjahres befreit hat, freuen sich alle Beteiligten auf die Ankunft des Frühlings, die Auferstehung und das ewige Leben.

Die Mayas

Zu der Zeit von Columbus wurde berichtet, wie bei den Mayas der Frühling mit dem ersten Monat des neuen Jahres, dem Monat Pop, begann. Es war eine Zeit der Erneuerung, sowohl in bildlichem und wörtlichem Sinne. Geschirr, geflochtene Matten und Kleidung des vorigen Jahres wurden zerstört und neue Matten geflochten und auch Töpfe und Kleidung wurden erneuert.

Herkunft des Putzens

Frühe Zivilisationen

Der Mensch ist und bleibt ein unbekanntes Wesen. Er ist keine Einheit, sondern gliedert sich in sein Leibliches, sein Seelisches und sein Geistiges. Das Geistige im Menschen, sein Ich, seine Individualität bildete sich im Laufe der Menschheitsgeschichte nur langsam heraus. Der Mensch war ein Gruppenwesen, ein Gattungswesen, das nach und nach erst mündig, selbständig wurde. Im Laufe der Menschheitsgeschichte entwickelte sich der geistige Teil des Menschen immer stärker.

Vor vielen Jahrtausenden wütete in jenen Gebieten, in denen nach der uraltindischen die uraltpersische Kulturepoche heraufkam, ein unvorstellbar erbitterter blutiger Krieg. Darin setzten sich die Perser, welche die Sonnenkräfte der Welt ordnend und reinigend in die Erdenkultur einbezogen, mit den Turaniern auseinander, welche die Erde als Natur lassen wollten, wie sie sie aus der Vergangenheit übernahmen. Goethe hat diesen Impuls zur Reinheit und Ordnung im irdischen Bereich wohl aufgefasst. Die beiden nachfolgenden Verse aus seinem „Vermächtnis altpersischen Glaubens“ mögen das zeigen:

„*Grabet euer Feld ins zierlich Reine,*
dass die Sonne gern den Fleiß bescheine,
Wenn ihr Bäume pflanzt, so sei's in Reihen,
Denn sie lässt Geordnetes gedeihen. [...]
Sanften Fall des Wassers nicht zu schwächen,

Sorgt, die Gräben fleißig auszustechen,
Rohr und Binse, Molch und Salamander,
Ungeschöpfe, tilgt sie miteinander!“ [4]

Später, im alten Ägypten, Babylon, Persien und Indien, bestimmten die Mysterientempel und die Mysterienstätten lange Zeit das ganze Leben, sogar den Haushalt, Ernte- und Saatzeiten, Brauchtum und Erziehung. Die Mysterien mussten um der Freiheit der Menschen willen aufhören und ihr Ende begann in Griechenland. Langsam verschwanden dann auch die alten Mysterienstätten. Mit der Logik des Aristoteles begann die Emanzipation der Individualität. Mit dem Selbständigwerden begann dann auch der Zerfall der alten Zivilisations- und Kulturformen. Der Mensch muss wieder lernen, selbständig ein Ordnungsprinzip in der Mitte zu setzen, das die Dinge miteinander verbindet.

Der Alltag

Jeden Morgen fangen wir unseren Alltag an in unserem vertrauten Universum mit den vielen Dingen, die uns umgeben, und wir sind uns oft nicht bewusst, dass wir täglich die Grundlagen eines Ordnungssystems neu erschaffen, ohne welche wir nicht existieren könnten. Die alltäglichen Gegenstände fließen zu einem Strom zusammen, von dem wir getragen und mitgezogen werden sowie von vielen kleinen Gesten, die wir ausführen, ohne nur einmal darüber nachzudenken, weil sie so banal sind. Und dennoch unterstützen wir damit die Grundlagen eines ungeheuer komplexen Systems, ein System von Ordnung und Klassifikation, das dafür sorgt, dass alles seinen eigenen bestimmten Ort innerhalb einer größeren Ordnung behält. Um überhaupt mit der Reinigung anzufangen, brauchen wir Ordnung, und um dies effizient zu tun, brauchen wir ein System.

Der Tag beginnt eigentlich fast immer mit Reinigung: Nach dem Aufstehen waschen wir Hände und Gesicht, und das ist auch eine der ersten Gesten, die wir unseren Kindern beibringen. Nach dem Frühstück werden der Tisch abgeräumt, das Geschirr gespült, die Zähne geputzt: also nochmals Reinigung.

Dieses Muster wiederholt sich über den ganzen Tag. Selbst wenn wir den Tag mit Meditation anfangen, beginnen wir mit der Erstellung innerer Ruhe, indem wir unsere Gedanken ordnen. Fast jede Tat, jede Aufgabe, setzt irgendeine Form des Ordnens oder der Reinigung voraus. Am Anfang war dies mir nicht so bewusst, aber sobald ich gelernt hatte, meine

Gesten während der Reinigung bewusst wahrzunehmen, wurde mir schnell klar, in welchem Maße das tägliche Leben Ordnung und Reinigung als Grundlage braucht.

Wir räumen auf, waschen und putzen ohne Unterlass und bewegen uns pausenlos von einer Ecke unseres Hauses zur anderen – ohne die wirklichen Prinzipien der Hausarbeit zu kennen. Das Naheliegende und Alltägliche bildet die Grundlage des Lebens, und doch reden wir fast nie darüber, denken selten darüber nach. Doch hat diese Tätigkeit, rund um Haushalt, Besen und andere Putzutensilien, die Fähigkeit, uns den Zugang zu größeren Horizonten zu eröffnen.[5]

Unsere Zivilisation basiert auf diesen elementaren und originellsten aller Gesten. Rudolf Steiner stellt fest: „Karma als menschliches Karma ist erst möglich geworden, als die Menschen ihre Hände zur Arbeit verwendeten. Vorher schafft man kein individuelles Karma. Dies war eine sehr wichtige Stufe der menschlichen Entwicklung, als der Mensch aus einem horizontalen Wesen ein vertikales Wesen wurde und dadurch die Hände frei hatte.“[6]

Ursprünglich fing der Mensch an, sich Orte zu suchen, wo er Schutz vor Gefahren finden und ungestört schlafen konnte. Es war auch hier, wo er anfing, ganz einfache Gegenstände zu schaffen, die er für seinen Alltag brauchte. Eigentlich war das der Anfang der Herausbildung eines rudimentären Klassifikations- und Denksystems: Hand und Hirn verbündeten sich, um den Dingen einen Platz zuzuweisen. Dies geschah nicht auf statische und rigide

Weise. André Leroi-Gourhan[7] erklärt, wie der Übergang von der reinen Schutzvorrichtung zu den ersten richtigen Hütten, „die unterhalten und gepflegt wurden, mit dem Aufkommen rhythmischer Repräsentationen zusammenfällt, welche die Begriffe von Zeit und Raum entstehen ließen. Diese ‚sozialisierenden Rhythmen', das koordinierte Inbewegungversetzen des Körpers, der Dinge und des entstehenden Denkens, diese ersten rhythmischen Schritte der Menschheit waren Teil eines Geschehens rund um das Heim. Es ist wohl kaum übertrieben zu sagen, dass die Menschheit aus der häuslichen Reinlichkeit geboren ist."[8]

Jean-Claude Kaufmann beschreibt, wie der Urmensch noch grobschlächtig inmitten seiner abgenagten Knochen lebte, die er allenfalls ein wenig nach außen schob: „Ungefähr 30 000 Jahre vor unserer Zeit vollzog sich dann mit dem Aufbewahren der Abfälle außerhalb der Behausung ein beträchtlicher qualitativer Sprung, eine wirkliche Revolution. Der Raum des Zuhauses wurde radikal vom Müll getrennt. Zu behaupten, die Menschheit hätte mit der Erfindung des prähistorischen Mülleimers einen entscheidenden Entwicklungssprung gemacht, könnte einigen, die zu sehr daran gewöhnt sind, Haushaltsgesten als etwas Farbloses und zu Vernachlässigendes zu betrachten, bilderstürmerisch erscheinen. Und doch brachte diese Geste tatsächlich eine bemerkenswerte Erweiterung des Ordnungssystems und damit verknüpft eine Verfeinerung und Ausdifferenzierung des Denkens mit sich."[9]

Leroi-Gourhan beschreibt, wie in den verschiedenen Etappen der Geschichte das Prinzip der Vergesellschaftung immer darin bestanden habe, „im umgebenden Universum von einem Punkt her eine Ordnung zu schaffen,“[10] und der Ausgangspunkt für dieses eroberungslustige Ordnungsschaffen war das Haus, seine Sauberkeit und die Ordnung der Dinge darin. Um diesen zentralen Kern herum bildeten sich immer größere Kreise[11]: ein Garten, Felder, und mit weiteren Häusern bildete sich dann ein Dorf. Darauf folgten Transportwesen und Industrien. Intellektuell gesehen sind wir noch die direkten Erben unseres Vorfahren, der seinen Abfall nach draußen gebracht hat.

Putzen hat nicht nur mit Hygiene zu tun, es ist ein alter Kultur-Impuls, eine grundlegende kulturelle Erfahrung, die Gefahr läuft, verloren zu gehen, nicht nur für viele Kinder, sondern auch für einen großen Teil der Gesellschaft. Reinigung ist eine ganz existenzielle Leistung für die Gesellschaft – und nicht zuletzt ist die bewusste, umweltgerechte Reinigung genauso existenziell für die Natur.

Unser Zuhause bietet nicht nur Schutz, es bildet Räume, in denen wir uns erholen, ernähren und seelisch und geistig regenerieren können. Eine der Hauptleistungen der Hausarbeit ist es, eine Grundlage dafür zu schaffen, dass unsere Kinder dort nicht nur physisch heranwachsen, sondern auch seelisch gedeihen können. Dass sie die Möglichkeit bekommen, Sozialkompetenzen, Fähigkeiten und Gesundheit zu entwickeln, um eine neue Generation zu bilden.

Versuchen wir eine neue Einstellung zu dieser Tätigkeit zu finden, so können wir den wesentlichen kulturellen Charakter der Reinigung und Pflege neu entdecken. Durch diese täglichen Gesten wird Natur zur Kultur erhoben, und wir können feststellen, dass dies ein Bereich ist, wo die menschliche Pflege sich bedingungslos mit der Materie verbindet.

Reinlichkeit und Gastfreundschaft

Reinlichkeit im Haus und Gastfreundschaft sind uralte Traditionen. Die Art und die Einstellung, mit der die häusliche Tätigkeit ausgeführt wurde, spielten eine große Rolle und werden immer wieder erwähnt.

So lebte die Göttin Hestia in einer Zeit, in der das Haushalten als heilige Aufgabe angesehen wurde. Hestia war die älteste Tochter von Kronos und Rhea und wohnte auf dem Olymp mit ihrem Bruder Zeus und ihrer Schwester Demeter. Zeus gewährte ihr auf ihren Wunsch hin immerwährende Jungfräulichkeit und wies ihr einen ehrenvollen Platz als Hüterin und Opferempfängerin „mitten im Haus“ an.

Interessanterweise ist wenig über die Kultstätten der Hestia überliefert. Es gibt auch keine Skulpturen und fast keine Bilder von ihr. Doch war sie als Patronin von Haus und Herd allgegenwärtig, da der Herd sowohl eines jeden Hauses als auch im öffentlichen Bereich als sakrales Zentrum der Gemeinschaft (das sogenannte „Prytaneion“) der Hestia geweiht war. Wer bereits den vornehmsten Ehrenplatz innehat, bedarf keiner weiteren kultischen Ehrungen durch Tempel und Statuen. Sie wurde hauptsächlich von den einfachen Menschen, vom Volk verehrt. Die Überlieferung schildert Hestia als freudevolle Haushälterin, die mit Hingabe und ohne Eile ihre vielen häuslichen Aufgaben erfüllte und so Harmonie und Friede im Haus verbreitete.

In früheren Zeiten war der häusliche Herd in der Mitte des Hauptraumes, und wie der Herd strahlte Hestia Wärme aus, die aus dem Haus ein Zuhause machte. Sie war so erfüllt von ihrer Gabe, Harmonie zu verbreiten, dass sie nicht auf Lob und Dankbarkeit als Motivation für ihr Tun angewiesen war. Sie war die Schutzherrin aller Häuslichkeit. Es gab auch Bräuche und Rituale, die Hestia gewidmet waren. Zum Beispiel wurde ein neugeborenes Kind am fünften Lebenstag um den Herd getragen. Mit dem anschließenden Festmahl wurde das Kind als vollwertiges Mitglied des Hauses und der Gemeinschaft anerkannt. Vom Prytaneion nahmen die in die Ferne ziehenden Kolonisten Feuer mit für den Herd ihrer künftigen Niederlassung. Ein frisch vermähltes Paar durfte das neue Haus erst betreten, nachdem die Mutter der Braut den neuen Herd mit dem Feuer von ihrem eigenen Herd angezündet und den Segen übertragen hatte.

In der alten römischen Kultur gehörten die Penaten zu den privaten Schutzgöttern eines Haushalts und waren auch für den Herd und die Vorratskammer zuständig – sie sorgten dafür, dass die kostbare Glut nicht erkaltete, nachts die Ratten nicht an die Speisevorräte gingen, und sie mussten den Koch anregen, etwas

Schmackhaftes zu kochen. Zusammen mit anderen Göttern schützten sie die Familie und deren Haushalt.

Schon im griechisch-römischen Altertum versah man zu bestimmten Zeiten und Gelegenheiten nach einer Grundreinigung Häuser und Ställe mit Zweigen und Bäumchen zum Schutze gegen Krankheiten und vor bösen Geistern. Der Februar wurde nach dem lateinischen „mensis februarius" (Monat des Reinigens) benannt. Dieser zweite Monat des gregorianischen Kalenders war der Monat des römischen Sühne- und Reinigungsfestes.

In Mitteleuropa gehören die Märchen der Brüder Grimm zum Kulturschatz, und alle kennen wir die Wichtigkeit, die Frau Holle der Einstellung zur häuslichen Aufgabe beimisst und auch belohnte.

In dem bulgarischen Märchen „Eine Samodiva versorgt weder Haus noch Kind" gibt es einen Satz, den viele Menschen überlesen, der für mich aber wesentlich erscheint. Das Märchen erzählt von einem jungen Hirten, der drei Schwanen-Mädchen beim Baden beobachtet und dann sieht, wie sie nachher ihr Samodivenkleid anziehen und davonfliegen. Es gelingt ihm später, einer der drei Samodiven das Kleid wegzunehmen und sie so als seine Frau mit nach Hause zu nehmen. Sie aber warnt ihn eindringlich, dass eine Samodiva keine gute Frau und Mutter sein könne, weil eine Samodiva weder Haus noch Kind versorge. Und doch sagt das Märchen: „Nachdem sie zu der Schwiegermutter gekommen war, begann sie sich zu regen und aufzuräumen, und das ganze Haus leuchtete von ihr. Da freuten sich die Schwiegermutter und ihr Sohn, und Glücklichere als sie gab es nicht." Ist es nicht bemerkenswert, dass ihre erste Tat als Mensch die fürsorgliche Pflege ist, die ihr Haus zum Leuchten brachte?

In Goethes „Faust" erwähnt sogar Mephistopheles beim Betreten von Gretchens Stübchen: *„Nicht jedes Mädchen hält so rein."*

Auch Faust bemerkt:

„Wie atmet rings Gefühl der Stille,
Der Ordnung, der Zufriedenheit!
In dieser Armut welche Fülle!
In diesem Kerker welche Seligkeit!"

Und weiter noch:

„Ich fühl, o Mädchen, deinen Geist
Der Füll und Ordnung um mich säuseln,
Der mütterlich dich täglich unterweist,
Den Teppich auf den Tisch dich reinlich breiten heißt,
Sogar den Sand zu deinen Füßen kräuseln.
O liebe Hand! So göttergleich!
Die Hütte wird durch dich ein Himmelreich." [12]

Obwohl die Andacht im Buddhismus sehr bekannt ist, ist sie auch in der europäischen und christlichen Tradition nicht neu – wir müssen sie nur wieder neu entdecken. Ein englisches Sprichwort: „Cleanliness is next to Godliness", könnte man vergleichen mit dem muslimischen: „Reinlichkeit ist das halbe Leben."

Ein wunderbares Beispiel dafür ist das Gebet von Theresa von Avila (1515–1582), das ich als Geschenk von einer hochbetagten Oberin einer Klosterschule in Österreich erhielt:

„*Herr der Töpfe und Pfannen,*
ich habe keine Zeit, eine Heilige zu sein
und dir zum Wohlgefallen in der Nacht zu wachen.
Mache mich zu einer Heiligen,
indem ich Mahlzeiten zubereite und Teller wasche.
Die Stunde des Gebets ist vorbei,
bis ich mein Geschirr vom Abendessen gespült habe.
Herr der Töpfe und Pfannen, bitte,
darf ich dir anstatt gewonnener Seelen
die Ermüdung anbieten, die mich ankommt
beim Anblick von Kaffeesatz
und angebrannten Gemüsetöpfen.
Erinnere mich an alles, was ich leicht vergesse,
nicht nur um Wege zu sparen,
sondern damit mein vollendet gedeckter Tisch
ein Gebet werde.“

Diese Gesinnung scheint immer mehr an Aktualität zu gewinnen, wenn man die Vielzahl von Büchern, Vorträgen und Artikeln zum Thema „Der Alltag als Schulungsweg“ anschaut. Ich sah schon mehrmals die Bezeichnung *PutZEN* in Anspielung auf die Wichtigkeit der Rolle der Andacht im Buddhismus.

Ein Spruch aus einem Quäker-Gebetbuch aus dem 18. Jahrhundert sagt etwas Ähnliches:

„Lehre mich, mein Gott und König,
zu sehen Dich in jedem Ding
und dass in allem, was ich tue,
ich Deiner gegenwärtig bin.

Zu dienen unter diesem Zeichen,
macht göttlich die Alltäglichkeit.
Wer Böden wischt in deiner Ehre,
erreicht's in Tat und Wirklichkeit."

Für Ita Wegman, eine Pionierin der anthroposophischen Medizin und Gründerin des Klinisch-Therapeutischen Instituts in Arlesheim, gehörte die Hauswirtschaft und die Art, wie sie gepflegt wird, grundsätzlich zum Therapieansatz. Peter Selg erzählte in einem Vortrag bei der Zweiten Internationalen Putzfachtagung am Goetheanum 2006, wie wichtig ihr die Hauswirtschaft als Aufgabenfeld war, und zwar vom ersten Kliniktag an. Sie schrieb in einem Brief an Ludwig Noll, einen anthroposophischen Arzt, den sie um Mitarbeit bei der Gründung der Klinik bat: „Ich selber bin trotz meines medizinischen Studiums bewandert in der Haushaltung und in der Diätküche, könnte also Haushälterinnen sehr gut anlernen und beaufsichtigen."[13]

Für Ita Wegman war die innere Haltung im Umgang mit Räumen wesentlich, denn die Räume sind für die Menschen da, sind dafür da, dass etwas Menschliches in ihnen geschieht. Es ging ihr dabei auch um die Würde der Dinge, auch da, wo es darum ging, wie mit dem Geld und mit dem Essen zu verfahren sei, wie das mit der Küche und dem Umbau gehen sollte, wie das mit der Heizung funktionieren sollte, den Gärtnern und mit dem ganzen Umraum der Klinik – Ita Wegman war unsäglich damit beschäftigt. Manchmal kann man geradezu den Eindruck bekommen: Ita Wegman, die Ärztin, war eigentlich vor allem damit beschäftigt, die Voraussetzungen zu schaffen, dass überhaupt geheilt werden konnte. Das Heilen – wenn man darunter nun den weisen Arzt versteht, der mit tief ernstem Blick die entscheidende Substanz verabreicht – machte zeitlich gesehen nur einen kleinen Bruchteil ihres Tages aus. Viel mehr Kraft und Zeit ging in die Bereitung des Umraumes, ja der Räume – im weitesten Sinne. Wahrscheinlich hätte sie selber gesagt: Es gehe darum, die Voraussetzungen dafür zu schaffen, dass die heilenden Kräfte und die heilenden Geister überhaupt wirken können. Dadurch behielt die Klinik immer eine entschieden therapeutische Atmosphäre. Ita Wegman sorgte für Reinlichkeit, besser, für Reinheit der Räume, in gewisser Weise für Reinheit der Gesinnung.

An dieser Stelle möchte ich gerne für alle Menschen, die sich beruflich, tagein, tagaus, um das Wohl unserer Wohnung und die Arbeitsplätze kümmern, mit dem Auszug aus einem Artikel, der in einer medizinischen Zeitschrift erschienen ist, ein Kränzchen winden. Es handelt sich um genau das Gegenteil von dem, was oben beschrieben wird, nämlich um das, was passiert, wenn Räume verlassen werden und Leere entsteht:

„Ähnliches widerfährt jedem unserer Arbeitsräume, die wir tags mit unserer Tätigkeit erfüllen, wenn wir sie abends verlassen. Die Dinge, die sich des Tags auf unsere Emsigkeit bezogen, liegen und stehen auf einmal still. Die Schemen unseres äußeren und inneren Sichbewegens geistern durch den menschenleeren Raum. [...] In diesem hohlen Raum, der solcherart sich neu erfüllen möchte, und der fort und fort entstehen will, da Menschen ihre Wohnungen und Arbeitsstellen verlassen, tritt die Putzfrau ein, an ungezählten Plätzen über die ganze Erde hin und ungezählte Male im Laufe unseres Lebens. Sie ist bescheiden: niemand achtet auf sie, es sei denn, dass sie etwas verfehlte. Die Tage kommen und gehen, ebenso die Nächte, und so kommen die Putzfrauen und gehen wie jene kosmischen Erscheinungen, die niemand mehr besonders bemerkt. In der Stille ihres Tuns aber sind sie Helden im unaufhörlichen Ringen mit einer Unterwelt, die, käme sie ungebändigt herauf, mehr von unseren Möglichkeiten des Daseins verschlingen würde, als wir ahnen. [...]

Ja wir müssen sagen: der Beruf der Putzfrau, des Straßenfegers, des Aschenmannes, sie sind im sozialen Leben der stärkste Ausdruck für jenes Ringen, in welchem der Erdenraum den Untermächten immer neu entrissen und, bildlich gesprochen, dem Durchscheinenwerden durch die Sonne offengehalten werden muss.

Wir sind alle, jeder auf seinem besonderen Gebiet, Putzfrauen und Putzmänner, wenn wir unsere Arbeit ernst nehmen, und wir haben den wichtigsten Anlass, diejenigen, welche mit Besen, Kehrschaufel und Eimer unverdrossen in unseren Räumen walten, voll in der brüderlichen Gemeinschaft zu sehen, die uns alle umschließt, ja das Vorbildhafte ihres beruflichen Tuns ins Auge zu fassen, das im Grunde Ehrfurcht fordert.

Das Säubern und Reinemachen, ein uraltpersischer Impuls, Teil einer hohen Mission … wurde hier nicht zu hoch gegriffen? Ich glaube es nicht. Aber der Leser möge nachsinnen und die Entscheidung für sich selber treffen."[14]

Auf eine heitere Art beschreibt die Kölner Volkssage der *Heinzelmännchen* das gleiche Phänomen der nächtlichen Hilfe. Sie erschien erstmals schriftlich im Jahr 1826, in einem Werk des Kölner Schriftstellers Ernst Weyden. Bekannt wurde sie jedoch in Form einer Ballade, die August Kopisch (1799–1853) 1836 verfasste:

Vor vielen Jahren gab es, so sagt man, in Köln ein kleines Völkchen, auch als Heinzelmännchen bekannt. Diese ganz besondere Art von Hausgeistern erledigte die liegengebliebene Arbeit der Menschen. Heimlich bei Nacht, wenn alles schlief, verrichteten sie deren Arbeit, denn sie wollten unerkannt bleiben. Die Bürger nahmen diese Hilfe dankbar an. Somit waren ihre Sorgen vergessen und sie konnten am Abend beruhigt zu Bett gehen. Eines Tages jedoch spielte die Frau des Schneiders den Heinzelmännchen einen hinterlistigen Streich, um die Wesen zu Gesicht zu bekommen, denn ihre Neugier war groß. Gegen Mitternacht, als die Heinzelmännchen auftauchten, um ihre Arbeit zu verrichten, rumpelte es mit lautem Getöse und Geschrei in der Werkstatt des Schneiders. Des Schneiders Frau hatte Erbsen auf der Treppe verteilt, und nun purzelten die Heinzelmännchen nacheinander die Treppe herunter und blieben am Fuß der Treppe liegen. Ganz zum Gelächter der Frau, denn diese sah die kleinen Hausgeister und verfiel in ein höhnisches Gespött. Die Heinzelmännchen machten sich traurig in die dunkle Nacht davon und verschwanden für immer. Am nächsten Morgen, als die Bürger Kölns erwachten, war die liegengebliebene Arbeit nicht getan, und fortan mussten die Menschen ihre Arbeit wieder alleine erledigen, ohne heimliche Hilfe.

Die schwäbische Kehrwoche

Eine Tradition, die noch erstaunlich gut und ebenso hartnäckig schafft, sich durchzusetzen, ist die schwäbische Kehrwoche. Im Internet findet man erstaunlich viel Information zu diesem Thema.

Der Schwabe genießt deutschlandweit und international einen großartigen Ruf als eleganter, weltoffener Kehrbesen-Spezialist. Ein unerschöpfliches Thema für alle Schwaben und alle Zugezogenen ist die Kehrwoche: Hinter vorgehaltener Hand behauptet man, es sei eine typisch schwäbische Erfindung, die aus Nachbarschaftsbespitzelei und puritanischen Reinlichkeitsritualen besteht. Weiter behaupten Fremde gerne, die größte Freude eines Schwaben sei es, wenn die Nachbarn sagen: „Sie hend aber a schees Häusle …“ Dann, und nur dann, ist der Schwabe glücklich.

In dieser Woche ist die Reihe an Ihnen.

Die schwäbisch/alemannische Kehrwoche beruht auf einer Vielzahl von Erlassen, die seit Ende des 15. Jahrhunderts im evangelischen Württemberg herausgekommen sind, um die Menschen zu Ordnung und Sauberkeit im häuslichen Umfeld anzuhalten. So stand im Stuttgarter Stadtrecht von 1492: „Damit die Stadt rein erhalten wird, soll jeder seinen Mist alle Wochen hinausführen, [...] jeder seinen Winkel alle vierzehn Tage, doch nur bei Nacht, sauber ausräumen lassen und an der Straße nie einen anlegen. Wer kein eigenes Sprechhaus (WC) hat, muss den Unrat jede Nacht an den Bach tragen."[15]

Gewöhnlich ist in Schwaben und Baden noch heute im Mietvertrag geregelt, welche Partei wann den Gehsteig zu fegen, den Winterdienst zu übernehmen und das Treppenhaus zu putzen hat, und es gibt heute noch in Miethäusern ein Schild mit der fett gedruckten Aufschrift Kehrwoche, das an der Wohnungstür des jeweils für die Kehrwoche zuständigen Mieters aufzuhängen ist. Hierdurch hat der Hausverwalter jederzeit den Überblick, wen er bei Mängeln in der Reinigung ansprechen muss. Die Kehrwoche wird im Wochenrhythmus von jeweils einer anderen Hauspartie bestritten. Wichtig ist dabei eine hohe Lärmentfaltung und maximales Staubaufwirbeln, um den Mitbewohnern zu zeigen, dass jetzt endlich mal richtig sauber gemacht wird. Diese wiederum achten peinlich genau auf die korrekte Ausführung der Kehrwoche und weisen die Ausführenden sofort auf eventuelle Missachtung der Vorschriften (z.B. Reststaub auf der oberen Türleiste) hin.

Solange es Schwaben gibt, wird's eine Kehrwoche geben. Den einen zur Freud', den andern zur Plag'.

Kehrwoche, das ist oft nicht nur Fegen. Das kann auch heißen: Schneeschippen, Treppewischen, Fensterputzen. Und wenn's über Sinn und Unsinn solchen Tuns unterschiedliche Auffassungen gibt, dann kann's innerhalb einer Hausgemeinschaft schon mal krachen.

In dieser Umgebung besserte ein Student 1995 sein Taschengeld auf, indem er bei den Leuten anfragte, ob er die „ungeliebte" Kehrwoche und was dazu gehört erledigen kann. Sechs Monate später hatte er schon 180 Mitarbeiter, und als er über 300 Mitarbeiter hatte, brach er sein Studium ab und machte dies hauptberuflich.

Bei der Kehrwoche verstehen Schwaben keinen Spaß. Das musste Klaus-Peter Hartmann, Leiter der Volkshochschule (VHS) Calw, erfahren. Der gebürtige Schwabe hatte einen „Kehrwochen-Kompaktkurs" für den 1. April 1998 in das VHS-Veranstaltungsangebot aufgenommen. Bei diesem Datum, dachte er, würde niemand reagieren. Die „Kehrwoche für Nichtschwaben" fand aber solchen Anklang, dass aus dem Aprilscherz nun Ernst wurde, wenn auch in etwas abgewandelter Form. Mit dem erstmals ausgeschriebenen Kompaktkurs würden auch Nichtschwaben mit keinen oder nur geringen Vorkenntnissen in die Kunst der Kehrwoche eingeführt, erläuterte das VHS-Programmheft den Kurs. Das Vertrautwerden mit diesem einheimischen Brauchtum helfe, sich schnell im Schwabenland zu integrieren. Der Kurs biete nach einer mehr theoretischen Einführung in die „historisch-soziologische Bedeutung" der Kehrwoche auch praktische Übungen. So würden Materialkunde (Besen, Schrubber, Kehrblech-Konstruktion) und das Erlernen der wesentlichen Griff-, Halte-, Schwung- und Schrubb-Techniken gelehrt. Am Ende des Kurses sollten die Teilnehmenden in der Lage sein, selbständig ein Stück Straße zu kehren, hieß es. Die Teilnehmer müssten Kopftuch, Kittelschürze und – für Griffübungen – ein Rundholz von etwa drei Zentimeter Durchmesser und mindestens einem Meter Länge mitbringen. Die Kursdauer war mit fünf mal drei Stunden veranschlagt, als Gebühr sollten 135 Mark entrichtet werden. Obgleich mit dieser Beschreibung das VHS-Angebot durchaus als Scherz erkennbar schien, gingen in kurzer Zeit fast 100 ernst gemeinte Anmeldungen ein. Darunter waren drei benachbarte Ortsverwaltungen, die ihren Mitarbeitern den letzten Schliff fürs Straßenfegen vermitteln wollten. Eine Calwerin meldete ihren Ehemann an, damit so endlich dessen „Putzdefizite" behoben würden. Neben weiteren Einzelpersonen – meist aus dem Landkreis Calw – meldete sich geschlossen eine 35-köpfige Besuchergruppe aus England an, die um den 1. April herum den Nachbarkreis Böblingen bereist. Bei so viel Nachfrage musste VHS-Chef Hartmann damals einfach kapitulieren.[16]

Reinheit im Islam

Eine der bekanntesten Traditionen der geistigen und körperlichen Reinigung der muslimischen Kultur ist das türkische Bad, der Hammam. Es kann als ein Ort der

Säuberung, Reinigung und Körperpflege beschrieben werden. Die Vorteile des Hammam sind seit tausenden von Jahren bekannt. Es ist nicht nur ein gewöhnliches Bad, es ist ein zentrales Ritual für Heilung wie auch für das soziale, kulturelle und religiöse Leben.

Der Islam legt großen Wert auf Sauberkeit in ihren physischen und spirituellen Aspekten. Der „Hadith", die religiöse Tradition, sagt: „Die Reinheit ist die Hälfte des Glaubens. Der Schlüssel zum Gebet ist die Reinheit."

Auf der physischen Seite fordert der Islam die Muslime auf, ihren Körper, ihre Kleidung, ihr Haus und die ganze Gemeinde zu reinigen: Sie werden von Gott dafür belohnt werden.

Während die Menschen im Allgemeinen Sauberkeit als eine wünschenswerte Eigenschaft empfinden, besteht der Islam auf die Reinheit als eine unverzichtbare Grundlage des Glaubens. Ein Muslim ist verpflichtet, sowohl moralisch und geistig als auch körperlich rein zu sein. Auch wenn eine Frau außerhalb des Hauses tätig ist, sind ihre täglichen Aktivitäten in erster Linie auf die materiellen, moralischen und spirituellen Bedürfnisse der Familienmitglieder gerichtet. Eine muslimische Frau hat die Macht, ihr Zuhause in einen Himmel oder eine Hölle zu verwandeln, je nach ihrer eigenen Frömmigkeit und der Qualität ihrer Handlungen. Der wichtigste Aspekt der guten Hygiene ist Sauberkeit. Nach dem islamischen Glauben beeinflusst der Zustand des Körpers den Geist: die körperliche Sauberkeit ist deswegen auch wichtig für das geistige Wohlbefinden.

Muslim-Häuser sind sehr sauber und werden als fast heilig angesehen. Vor Betreten eines muslimischen Zuhauses werden die Schuhe, die auf der Straße getragen wurden, ausgezogen. Für uns sind Bad und Toilette ganz normale Teile des Hauses, aber in der islamischen Welt erfährt die Gestaltung dieser Räume besondere Sorgfalt. Mit den Schuhen, die für den Toilettengang benutzt werden, darf kein anderer Teil des Hauses betreten werden. Das Baden oder Waschen von Gegenständen darf nicht in stehendem Wasser durchgeführt werden. Alles wird in einer Schüssel gewaschen und anschließend unter fließendem Wasser gespült. (Aus diesem Grund werden Sie in der Regel keine Stöpsel in den Waschbecken finden.)

So durchdringen sich in allen Lebensbereichen der islamischen Kultur auf weitgehende Weise Heiliges und Profanes in der räumlichen Ordnung vom Haus und von sozialem und kulturellem Umfeld.

Andere Traditionen

In vielen anderen mittelöstlichen und östlichen Ländern ist es Brauch, ohne Schuhe das Haus zu betreten, so wie es Vorschriften gibt über Handlungen, die nur mit der rechten oder der linken Hand verrichtet werden dürfen.

Es gibt Gesellschaften, wo nach Brauchtum nach Sonnenuntergang weder das Haus gereinigt noch der Müll weggeworfen werden darf. Eine jüdisch-orthodoxe Freundin erklärte mir, dass nach Sonnenuntergang keine toten Fliegen mehr im Hause sein dürften.

In bestimmten Kulturen ist es sogar wichtig, die Tage, an denen bestimmte Tätigkeiten getan werden sollten, zu berücksichtigen. Zum Beispiel sei Sonntag weder gut zum Baden noch zum Wäschewaschen, am Montag solle man weder neue Kleidung kaufen noch tragen, und während der Dienstag nicht besonders gut sei, um Familien zu besuchen, solle Mittwoch ein guter Tag sein, um zum Arzt zu gehen.

In Nepal zum Beispiel ist es die erste Pflicht einer Hausfrau, morgens das Haus von dem untersten Stockwerk bis zum obersten zu fegen und nicht von den oberen Etagen nach unten – denn dies wird nur getan, wenn jemand in dem Haus verstorben ist. Als Nächstes reinigt sie ihre Wassertöpfe und Krüge und holt frisches Wasser in ihnen. Das Wasser muss jeden Morgen frisch geholt werden, weil das Wasser, das über Nacht gestanden hat, als ungeeignet zum Trinken und Kochen vom Reis betrachtet wird. Die Hausfrau nutzt Asche, um das Messinggeschirr zu scheuern, weil Seife als unrein gilt. Hin und wieder, vor allem für eine Feier oder ein Fest, wird der Boden im ganzen Haus mit einer Mischung von Kuhmist und roter Erde gewaschen.

Japanische „Misogi"

Eine japanische Studentin erzählte mir von der japanischen Tradition „Misogi". Es ist eine spirituelle Praxis der rituellen Reinigung als Vorbereitung für die Meditation. Sie erklärte, dass die Reinigung eine der wichtigsten Traditionen der japanischen Kultur

Die Menschen verlassen sich auf
ungesunde chemische Produkte, um den Schmutz
loszuwerden, anstatt am besten nur Wasser
zu verwenden und dabei energisch
mit den Händen
zu wischen.

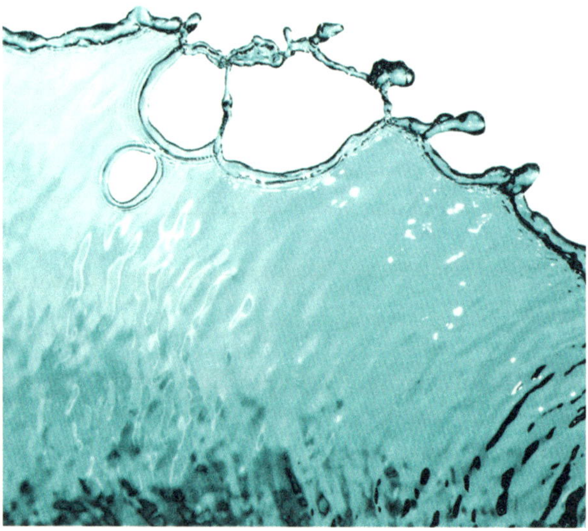

ist. Indem man „Misogi“ auch in der Hausreinigung anwendet, entsteht die Möglichkeit, eine gute und gesunde Umwelt zu schaffen. Es gilt als eine Form der Meditation.

Durch ihre Erklärungen wurde mir klar, warum so viele führende Wasserforscher, wie zum Beispiel Masaru Emoto, aus Japan kommen. Effektive Mikroorganismen- und Elektrolysewasser-Systeme kommen auch aus Japan.

Während der heißen und feuchten japanischen Sommer gedeihen Bakterien und Insekten, die auch in den kalten und trockenen Wintern überleben. Da der Hauptzweck der Reinigung dazu dient, eine gesunde Umwelt zu schaffen, haben die meisten Japaner eine besondere Einstellung zur Reinigung.

Die japanische Kultur wurzelt im Dualismus: so wie ja/nein, gut/schlecht, positiv/negativ usw. Dies drückt sich auch in der japanischen Sprache aus. Nicht gut, bedeutet schlecht. Nicht schlecht, bedeutet gut. Dualismus kann auch in der Herangehensweise an Hygiene gefunden werden. Menschen denken, sie können ein gutes Umfeld schaffen, indem sie sie von schlechten Dingen befreien, indem sie die Logik anwenden: nicht schlecht bedeutet gut. Obwohl es sicher wichtig ist, schlechte Dinge loszuwerden, ist dies jedoch nicht genug; man muss aktiv daran arbeiten, ein gutes Umfeld zu schaffen.

So ist eine grundlegende Art und Weise, eine gesunde Umwelt zu schaffen, mehr Wasser-Ionen entstehen zu lassen. Viele Wasser-Ionen in der Luft fördern die Gesundheit. Eine Luftfeuchtigkeit zwischen 50 und 70 Prozent eignet sich am besten für die Bildung von Wasser-Ionen. Wenn die Luft zu trocken ist, gibt es weniger Wasser-Ionen, und wenn die Luft zu feucht ist, sind die Wände mit Kondensation bedeckt. Je weniger Flächen mit Luft in Kontakt kommen können, desto weniger werden Ionen gebildet.

Die im Haus verwendeten Baumaterialien wie Holz und Gips sollen die Regulierung der Feuchtigkeit unterstützen. Da Holz und Gips Feuchtigkeit abgeben, entstehen Wasser-Ionen und dies unterstützt somit die Gesundheit. Während Metall als neutral gilt, werden Kunststoff-Oberflächen vermieden, da die chemischen Dämpfe schlecht für die Gesundheit sind. Auch der Wind spielt eine wichtige Rolle bei der Ionisierung. Er sorgt für Erleichterung, wenn die Luftfeuchtigkeit zu hoch ist, weil Ionen durch den Abbau der Wasserpartikel entstehen.

Ein weiterer wichtiger Faktor für die Ionisierung ist, wenn von Hand mit einem feuchten Tuch gereinigt wird, das ja nicht zu nass sein darf. Durch die Reibung von einem feuchten Tuch auf jeder Oberfläche werden Ionen geschaffen. Es ist auch wichtig, die Oberfläche mit genügend Kraft zu wischen, die die Wassermoleküle aufspaltet. Nach der Meinung der japanischen Studentin ist die übliche europäische Art, den Boden mit einem nassen Mopp oder Tuch auf einem langen Stock zu reinigen, völlig nutzlos. Das Tuch ist meistens zu feucht und dadurch entsteht nicht genug Reibung. Die Menschen verlassen sich dann auf ungesunde chemische Produkte, um den Schmutz loszuwerden, anstatt am besten nur Wasser zu verwenden und dabei energisch mit den Händen zu wischen. Die traditionelle japanische Art und Weise, das überschüssige Wasser in dem Tuch loszuwerden, ist, es mit beiden Händen kräftig auszuwringen. Mit Bedauern erzählte mir die Studentin, dass dieser Teil der japanischen Kultur auch verloren zu gehen droht. Da viele japanische Frauen berufstätig sind und oft keine Hilfe im Haushalt haben, verwenden sie immer mehr Chemikalien, um ihre Arbeit zu erleichtern.

2

PUTZ-TRADITIONEN

„Ist nicht die Zeit ein wunderhübsches Spielzeug?
Das Leben wird euch Masken zeigen, die es
mit all eurem Karneval aufnehmen können."
RALPH WALDO EMERSON [17]

Fastnachtstraditionen

Fastnacht als Zeichen des Winter-Endes wird in der ganzen Schweiz und vielen Teilen Europas gefeiert und gilt als Vorbereitung auf die Osterzeit. Die Fastnachtsbräuche haben ihren Ursprung in einem Gemisch aus christlichen Riten, altüberliefertem Brauchtum und heidnischen Feiern. Sie leben wieder auf, um mit furchterregenden Masken und gewaltigem Lärm der von winterlichen Dämonen bedrängten Sonne zu Hilfe zu eilen und böse Geister sowie den Winter zu vertreiben.

Viele dieser Traditionen haben mit Feuer und Verbrennung zu tun, mit Reinigung und Läuterung. In Zürich endet der Winter offiziell mit dem „Sechseläuten", das meistens am dritten Sonntag/Montag im April stattfindet. Seit 1862 wird zum Abschluss des „Sechseläutens" der so genannte „Böögg" verbrannt. Punkt 18 Uhr wird ein über drei Meter hoher und 80 kg schwerer, mit Feuerwerkskörpern gefüllter

„Schneemann“ angezündet. Wenn der Kopf des „Bööggs“ explodiert, gilt der Winter als offiziell beendet. Je schneller dies der Fall ist, desto heißer und länger wird der Sommer, sagt man. Weitere Frühlingsbräuche, die alljährlich für ein regionales Spektakel sorgen, sind u.a. der lautstarke „Chalandamarz“ (Schellenumzug) im Engadin.

In Deutschland und Österreich werden in kleineren Gemeinden regelmäßig von verschiedenen Karnevals-Vereinen rund um die Faschingszeit Frühjahrsputz-Aktionen für Erwachsene und Kinder organisiert. Dann werden öffentliche Bereiche wie Parks oder sogar Flussufer gemeinsam aufgeräumt. Kirche und Gemeindehaus werden zum Beispiel gemeinsam geputzt. Das Frühjahrsputz-Fest schließt Frühjahrsliedersingen mit Chor sowie einen Kindersachen-Flohmarkt und viele kreative Angebote rund um den Frühjahrsputz mit ein. Man darf Seife herstellen, Experimente rund um die Seife machen – kleine und große Seifenblasen werden in die Luft gepustet. Dazu gehören auch österliche Basteleien für die Kleinsten oder Seidenmalerei für die etwas Größeren. Bunte Wunschbänder wurden in die Bäume geknüpft, um so den Garten zu schmücken.

Bei einer anderen Frühjahrsputz-Aktion ging es darum, im Friedhof die Bäume, Sträucher, Hecken und Grünflächen wieder in Form zu bringen. Der Kirchenvorstand schaffte zusammen mit den Gemeindemitgliedern. Eine weitere Gemeinde hatte zum Frühjahrsputz in den Ortsteilen aufgerufen. Viele Vereine und Verbände sowie Einzelpersonen

Mit dem Einzug des Lenzes nach den
vielen Festlichkeiten um Karneval und Fasching
empfinden die Menschen oft ein Bedürfnis
nach Reinigung: Fasten für den Körper und
Frühjahrputz für das Haus.

unterstützen diese Aktion im Rahmen der örtlichen Gemeinschaftsaktion oder durch einzelne Aktionen. Jüngst waren Schülerinnen und Schüler einer Grundschule mit ihrer Lehrerin im Einsatz, um einen Teil der Landschaft zu säubern. Sie waren mit verschiedenen Sammelbehältern unterwegs, um den weggeworfenen Abfall einzusammeln und so einen Beitrag für eine saubere Landschaft zu leisten.

Mit dem Einzug des Lenzes nach den vielen Festlichkeiten um Karneval/Fasching empfinden die Menschen oft ein Bedürfnis nach Reinigung: Fasten für den Körper und Frühjahrputz für das Haus. Es erwacht nicht nur die Natur, sondern bei vielen auch der Tatendrang – besonders innerhalb der eigenen vier Wände.

Frühjahrsputz

Frühling und Auferstehung! Das gilt nach einem langen, kalten Winter eben auch für uns selbst. Sobald die Sonne wieder stärker scheint und ihre Strahlen den Winterstaub aufleuchten lassen, packt es die Menschen: Frühjahrsputz ist angesagt. Für viele ist diese Arbeit eher ein Greuel als ein Vergnügen. Doch schafft der Frühlingsduft es, die staubige Heizungsluft zu vertreiben. Dann kann es durchaus passieren, dass auch diejenigen, die gar nichts mit Putzen am Hut haben, zum Putzzeug greifen, um das Umfeld wieder frisch und rein zu bekommen. Auf einmal sehen wir alles, was in der dunklen Jahreszeit nicht so sichtbar war: die Staubschichten, die Spinnweben ... Die Fenster werden weit geöffnet, Staubwedel und Putzlappen hervorgeholt, Möbel werden weggezogen, Teppiche herausgetragen und geklopft, Bettzeug wird gewaschen, die Matratzen gelüftet. Alle, die schon mal einen richtigen Frühjahrsputz gemacht haben, kennen dieses Gefühl der Befreiung, das über uns kommt, und die große Freude, durch blitzblanke Fensterscheiben zu schauen! Das Haus wirkt heller und größer. Es wird von den alten Rückständen des Winters befreit: Die Hausreinigung als Vorbereitung auf die Osterzeit gibt uns die Möglichkeit, Raum für das zu schaffen, was auf uns zukommen will.

Die Chinesen putzen seit Jahrtausenden zum Frühlingsbeginn ihre Häuser, um sie von den alten Dämonen, die im Staub sitzen, zu befreien.

Hilfe bekommen wir sogar in den Supermärkten. Wie viele andere Traditionen, wird auch der Frühjahrsputz kommerzialisiert. Sobald Maria Lichtmess vorbei ist, finden wir in den Läden oft eine farbenfrohe Ausstellung verschiedenster Werkzeuge und Putzmittel.

Die „westliche" Welt

In Amerika, Neuseeland, Großbritannien, Europa und in vielen anderen Kulturen fand der große Frühjahrsputz vor Ostern statt. Für unsere Vorfahren war es eine echte Tradition. Ungefähr eine Woche vor

Ostern fing es an: Fenster wurden geputzt, Vorhänge und Lampen wurden heruntergenommen, gereinigt und wieder aufgehängt, Teppiche wurden herausgetragen, um ausgeklopft zu werden, Böden und Möbel bekamen eine frische Wachsschicht ... Die Liste könnte beliebig verlängert werden, denn keine Ecke oder Ritze im Haus konnte der erbarmungslosen Aufmerksamkeit der Hausfrau entgehen. Und am Ostersonntag strahlte dann jedes Zimmer im ganzen Haus.

Eine amerikanische Freundin, die diese Tradition pflegte, während ihre Kinder noch klein waren, erzählte mir, dass der Geruch von Zitronenwachs, Ostergebäck, Hyazinthe und Osterglocken auf dem Tisch immer noch bei ihr eine Nostalgie wecken, was dazu führt, dass sie sofort ein Bedürfnis spürt, ihre Putzsachen auszupacken.

Eine Freundin aus den Niederlanden erzählte mir, wie Jahr für Jahr, immer mit Beginn der Fastenzeit vor Ostern, ihre Eltern und Oma den großen Frühjahrsputz starteten und dass selbstverständlich alle Kinder in die Arbeiten einbezogen wurden. Das Standardprogramm umfasste einen neuen Küchenanstrich (es wurde mit Kohle geheizt und auf einem Kohleofen gekocht), alle Küchen- und Vorratsschränke wurden ausgeräumt, sauber gemacht und neu geordnet. Im ganzen Haus wurden Fenster geputzt, Böden geschrubbt und mit einem langen Besen Spinnweben und Staub aus den Zimmerecken und von den Wänden gefegt. Das gesamte Bettzeug landete im Garten, wurde ausgeklopft und gut durchlüftet. Frische Bettbezüge waren eine

Selbstverständlichkeit. Auch die Kleiderschränke blieben nicht verschont. Um die Kleidung „umzuschichten“ – Winterkleider wanderten dabei auf die hinteren bzw. unteren Regalböden –, mussten die Kinder alles ausräumen und bei dieser Gelegenheit die Frühjahrs-/Sommersachen anprobieren. Das, was zu klein geworden war, erbten jüngere Geschwister oder andere Kinder aus der Verwandtschaft. Am Ende hatten sie die richtigen Klamotten griffbereit und ordentlich im Schrank verstaut. Meiner Freundin machte der Kleiderwechsel riesige Freude und er war ein eindeutiges Zeichen dafür, dass der Frühling bald kam. Pünktlich zum Osterfest strahlte das ganze Haus im neuen Glanz, alles roch sehr frisch und machte gute Laune.

Griechische und russische Bräuche

Mit „Kathari Deftera“ (Neugriechisch = „sauberer Montag“) oder „Kathara Deftera“ oder aber auch „Koulouma“ wird der erste Montag zu Beginn der griechisch-orthodoxen Fastenzeit (die vierzig Tage vor Ostern) bezeichnet, mit dem in Griechenland die Karnevalszeit ausklingt.

„Sauber-Montag“ steht auch für geistige und körperliche Reinigung. Einige sagen, das Wort „sauber“ wurde diesem Tag hinzugefügt, weil Hausfrauen ihre Häuser und Utensilien den ganzen Tag lang reinigen mussten, nachdem Karneval vorbei war. Am „Kathari Deftera“ bleiben Schulen und Geschäfte geschlossen und die Menschen strömen ins

Freie zu einem Picknick mit Fastenspeisen und zum Drachensteigen. Man feiert den Tag zugleich als Abschied vom Winter.

Eine besondere Tradition erfolgt in den russischen Parks kurz bevor Frühlingsanfang. Man kann beobachten, wie russische Frauen aller Altersgruppen ihre Teppiche auf den Schnee legen und mit Stöcken oder Tennisschlägern auf sie einschlagen. Dann drehen sie die Teppiche um und wiederholen den Prügel-Prozess. Am Ende des Tages gibt es im ganzen Park viele schwarze Flecken auf dem Schnee. Es gilt als die beste und fast einzige Möglichkeit, die Teppiche, die im ganzen Haus auf dem Boden und an den Wänden verteilt sind, zu reinigen.

In früheren Zeiten wurden von den Familien der Oberschicht in Russland zum Frühlingsputz sogar Wanderarbeiter herbeigezogen so wie heute noch überall zur Erntezeit. Es gab sogar eine Zunft für Bohnerer, wie eine sehr schöne Schilderung von Margarita Woloschin (1882–1973) erzählt:

„Keine Parkettböden können jetzt so glänzen, wie sie damals geglänzt haben, denn die Zunft der Bohnerer, der „Polatjory", ist aus der Welt verschwunden. Jede Woche erschienen in unserem Haus fünf bis sechs Männer, barfuß in weiten schwarzen Sammethosen und roten Hemden, die bis zu den Knien reichten und an den Hüften mit einem Gürtel lose gehalten waren. Vor ihnen musste alles weichen; die Teppiche rollten sich zusammen, Möbel drückten sich an die Wand. Die Stunden wurden unterbrochen, wenn diese Kumpanei erschien.

Jeder band sich an den rechten Fuß eine Sandale, die mit gewachsten Bürsten unterlegt war. Und dann bewegten sie sich in einer Reihe durch den Raum, die Hände hinter dem Rücken gekreuzt, mit dem rechten Fuß einen Halbkreis von rechts nach links, von links nach rechts umschreibend; mit dem linken Fuß sich vorwärts schiebend. Die Haarsträhnen hingen ihnen ins Gesicht und pendelten im Takt mit. Von Zeit zu Zeit blieb einer stehen und rieb eifrig mit dem Fuß vor und zurück. Das alles geschah mit elementarer Kraft in einem ungeheuren Tempo. So durchtanzten sie Saal um Saal, Zimmer für Zimmer. Und wenn sie das Haus verließen und einen Geruch von Schweiß, mit duftendem Wachs und Terpentin vermischt, hinterließen, spiegelten unsere Böden herrlich."[18]

Putzen zu Advent, Weihnachten und Neujahr

In Süddeutschland und in Österreich beginnen in der Andreas-Nacht die „Klöpflesnächte", in der die Klöpfelgeher mit Hammer und Besen gegen die bösen Mächte hinausziehen, die im Dunkeln alle Häuser umgeistern. Mit Glocken und Knarren wird gelärmt, Wände und Türen werden abgeklopft, damit alles Böse entflieht. Natürlich erhalten die Glücksbringer freundliche Gaben. In vielen Häusern wird dann sauber gemacht als Vorbereitung für die besinnliche Adventszeit.

Eine Freundin aus Süddeutschland erzählte mir von der großen Freude, die sie mit der Familie während der großen Reinigung des Hauses als Vorbereitung auf Weihnachten geteilt hat. Ihre Mutter erklärte, dass Raum für neue Spielzeuge geschaffen werden musste. Neue Spielsachen und andere Geschenke durften nur in sehr saubere Zimmer gebracht werden. Keine Aufgabe war zu groß für sie und ihre Geschwister. Gemeinsam wurde jeder Raum gereinigt, vom Keller bis zum Dachboden. Sie freuten sich auf die Plätzchen und heiße Schokolade, die sie dann endlich nach ihren Bemühungen gemeinsam genießen konnten.

Durch die bewusste Pflege unseres Zuhauses können wir in dieser chaotischen und meist sehr stressvollen Zeit eine Oase der Ruhe und Ordnung schaffen.

Weihnachten ist in Schweden sehr traditionell und viele Schweden glauben, dass die Vorbereitung mindestens so fröhlich wie das Fest selbst sein sollte. Dies sei wichtig, weil manch ehrgeizige Hausfrau Gefahr läuft, zu erschöpft zu sein, um die eigentlichen Feierlichkeiten zu genießen. Im Allgemeinen können Weihnachtsvorbereitungen in drei Kategorien unterteilt werden: Dekorationen, Geschenke und Nahrung und Unterhaltung. Und irgendwo versteckt dazwischen gibt es noch die gründliche Reinigung des Hauses, einschließlich des Waschens von Gardinen und Vorhängen.

Weihnachten in Tschechien ist ohne eine vollständige und umfassende Hausreinigung nicht komplett. Oft dauert diese Reinigung bis zu einer

Woche, und erst dann kann man mit den anderen Weihnachtsvorbereitungen beginnen.

Im puritanischen Schottland wurde Weihnachten mehr oder weniger seit dem Ende des 17. Jahrhunderts bis in die 1950er Jahre verboten. Stattdessen versammelten Familie und Freunde sich an „Hogmanay" (31. Dezember), um das schottische Neujahr zu feiern. Zu den Traditionen vor Mitternacht gehört eine gründliche Reinigung des Hauses am letzten Tag des Jahres. Der Feuerplatz wurde von der Asche befreit und reinlich geputzt. Auch war es Brauch, alle Schulden vor dem Läuten der Glocken um Mitternacht zu tilgen.

Der Endpunkt des Neujahrs und der Raunächte ist der „Verlorene Montag" (Niederlande) oder auch „Pflugmontag" oder „Frauenmontag". Er bezeichnet den Montag nach dem ersten Epiphanias-Sonntag: Es war der Tag für den Kehraus nach Weihnachten, Neujahr und Dreikönige, auch Auftakt der Frühjahrsfeldarbeit oder „Aufräumtag" nach den Festtagen. In vielen Familien wird das saubere Haus vom Priester geräuchert und gesegnet.

Reinigungstraditionen in östlichen Kulturen

Zu den meisten Neujahrs-Traditionen gehört Reinigung. Und in vielen orientalischen Ländern fallen das neue Jahr und der Frühling zusammen.

China

Zwischen dem „Laba“-Festival, am achten Tag des letzten Mondmonats und Neujahr im Mondkalender, unternehmen Familien in ganz China eine gründliche Hausreinigung als Vorbereitung für das neue Jahr. Nach dem chinesischen Volksglauben müssen die Geister und Gottheiten sich im letzten Monat des Jahres entscheiden, entweder in den Himmel zurückzukehren oder auf der Erde zu bleiben. Um den rechtzeitigen Abgang der Geister und Gottheiten zu gewährleisten, müssen die Menschen sich selbst und ihre Wohnungen bis zur letzten Schublade in jedem Schrank gründlich reinigen. Alles wird sauber geputzt, um gut in das neue Jahr einzutreten und um die bösen Geister aus dem alten Jahr zu vertreiben. Das geht jedoch nicht auf die konventionelle Art mit dem Staubsauger oder Besen, sondern man benutzt hierfür Bambuszweige.

Die Reinigung umfasst das Aufräumen, Neuorganisieren des Hofs sowie das Abschrubben von Türen, Fensterputzen und eine Reinigung der ganzen Inneneinrichtung des Hauses. Alte Dekorationen und Papierschnitte des vorherigen Neujahrsfestes werden abgenommen und neue Fensterdekorationen, Neujahrsplakate und verheißungsvolle Dekorationen frisch aufgeklebt. Bevor das Jahr zu Ende geht, müssen alle Familienangelegenheiten in Ordnung gebracht werden, um einen frischen Start in das neue Jahr zu gewährleisten.

Kurz vor Einbruch der Dunkelheit am letzten Tag des Jahres verlassen alle Familienmitglieder zusammen das Haus. Das hilft dabei, alle schlechten Erinnerungen und alles Böse aus dem alten Jahr aus dem Haus zu verbannen. Um Punkt 23 Uhr beginnt das neue Jahr in China – alle Fenster und Türen werden aufgemacht, um das Glück hereinzulassen, und das große Feuerwerk beginnt!

Eine Woche vor Neujahr, „Xiao Nian", um den 23. Tag des 12. Monats nach dem traditionellen chinesischen Mondkalender, beginnen in China die Vorbereitungen für das chinesische Frühlingsfest. Man nennt den Tag auch Chinas „Klein-Neujahrstag". An diesem Tag hat der Küchengott in China eine sehr wichtige Bedeutung, da er den moralischen Charakter eines jeden Haushalts überwacht und über alle bösen und guten Taten der Familie Bescheid weiß. Einmal im Jahr, sieben Tage vor dem Neujahr, berichtet er alles dem Jadekaiser, welcher über das Schicksal der Familie im kommenden Jahr entscheidet. Um den Küchengott gnädig zu stimmen, damit er dem Jadekaiser nur süße Worte über die Familie berichtet, werden süße Puddings, klebrige Kuchen, Honig-Naschereien und andere süße Köstlichkeiten vor die Statue des Küchengottes gestellt. In einer der markantesten Traditionen des Frühlingsfestes wird ein Papierbild des Küchengottes am „Xiao Nian" verbrannt, damit sein Geist in den Himmel emporsteigen kann, um über das Verhalten der Familie im vergangenen Jahr zu berichten. Als Willkommensgeste wird dann ein neues Papierbild von ihm neben dem Ofen aufgehängt. Von diesem Aussichtspunkt wird der Küchengott den Haushalt für ein weiteres Jahr überwachen und schützen.

Vietnam

Am Vorabend des vietnamesischen Neujahrs oder „Têt" werden die Häuser gründlich gereinigt und anschließend dekoriert. Die Kinder sind für das Kehren und Schrubben des Bodens zuständig. Die Küche muss im letzten Mondmonat bis sieben Tage vor „Têt" gereinigt werden. Jede Familie bereitet ein Abschiedsfest für Ong Tao, den Hüter der Küche, vor, damit er bis zum himmlischen Palast aufsteigen kann. Seine Aufgabe ist es, so wie in China, dem Jadekaiser, dem Herrscher des Himmels, einen Jahresbericht über die Angelegenheiten der Familie für das vergangene Jahr zu geben. Normalerweise wird das Oberhaupt der Familie den Staub und die Asche (vom Weihrauch) vom Ahnenaltar entfernen und ihn reinigen. Manche Vietnamesen malen ihre Häuser frisch an und schmücken sie mit festlichen Objekten. Es ist ein allgemeiner Glaube, dass durch die Reinigung das Haus und die Familie von allem Unglück und Missgeschicken, die mit dem alten Jahr verbunden waren, befreit werden.

Am Vorabend des neuen Jahrs kehrt Ong Tao von seinem Bericht an den Jadekaiser zurück. Jede Familie bereitet unter freiem Himmel eine Zeremonie vor, um ihn zurück in ihrer Küche zu begrüßen. Blütenknospen und Blumen sind Symbole für einen neuen Anfang und jedes Haus wird damit gefüllt. Das Fest ist für Kinder besonders spannend, weil ihre Eltern neue Kleidung und Schuhe kaufen, die sie dann am ersten Tag des neuen Jahres tragen dürfen. Eine besondere Zeremonie findet auch am ersten Tag des neuen Jahres vor dem Mittag statt. In einem Ritual opfert das

Oberhaupt der Familie Essen und Wein und zündet Weihrauch an, um die Seelen der Ahnen einzuladen, an den Feierlichkeiten der Familie teilzunehmen.

Japan

In Japan nennt man die Hausreinigung zum Jahresende „Osoji“ („frei und sauber“). Die Reinigung umfasst das gesamte Haus, vor allem die Bereiche, die nicht so oft gereinigt werden. „Osoji“ findet auch in Tempeln und Schreinen statt, ein interessantes Reinigungsritual namens „Susuharai“ („Staubschlagen“). In Kyoto, bei Higashi und Nishi Honganji, den Ost- und West-Tempeln, findet jährlich eine große Veranstaltung im Dezember statt. Menschen aus ganz Japan kommen zusammen, und, um sich vor den Staubwolken zu schützen, ziehen sie langärmelige Kleider an, setzen eine große Gesichtsmaske auf und bedecken ihre Köpfe mit einem Handtuch. Eine Gruppe nutzt lange, dünne Bambusstäbe, um alle Tatami-Matten in den Hallen zu schlagen, während eine andere Gruppe große japanische Fächer von zwei Metern Durchmesser schwingt, um den Staub nach außen zu befördern. Die Reinigung befreit das Haus und die Menschen von Altem, Abgelebtem und schafft Raum für das neue Jahr und seinen Segen.

Indien

„Deepavali“ oder „Diwali“, im Volksmund als das Fest der Lichter bekannt, ist das aufwendigste und lebendigste aller Hindu-Feste. Es fällt in den späten Oktober oder November. Feierlichkeiten und Rituale für das Fest beginnen Tage und Wochen vorher. Jeder Haushalt erstellt eine Liste von Aufgaben, die gemacht werden sollen. Die Reinigung der Wohnungen und Büros ist Priorität. Eine Woche vor dem Fest wird das Haus gereinigt und aufgeräumt, und „Rangoli"-Motive (bunte Dekorationen) werden im Wohnzimmer und Hof gestaltet. Die Muster werden in der Regel mit farbigem Reis, Mehl, trockenem, farbigem Sand oder auch mit Blütenblättern erstellt. Sie sind heilige Flächen, die einladend sind für die Hindu-Gottheiten, vor allem die Göttin des Reichtums Lakshmi, deren Segen gesucht wird. Diese alten Symbole werden von einer Generation an die nächste weitergegeben, damit diese Kunstform und Tradition durch die Jahrhunderte erhalten bleiben. Die Feierlichkeiten dauern fünf Tage, die jeweils unterschiedlichen Zwecken dienen, wie dem Kauf neuer Geräte, Feuerwerk veranstalten, neue Kleider kaufen und in zeremoniellen Aktivitäten schwelgen.

3

ERFAHRUNGEN RUND UM DEN FRÜHJAHRSPUTZ

„Der Frühling ist die
Zeit der Pläne, der Vorsätze."
LEW N. TOLSTOJ [19]

In den 22 Jahren als Inhaberin einer ökologischen Reinigungsfirma habe ich unzählige Häuser, Wohnungen und Heime im Frühling gereinigt und dabei die verschiedensten Erfahrungen gemacht.

Wir machten einmal in einem großen Haus einen Frühlingsputz. Die Kundin hatte uns angefragt; sie hatte uns aber auch vorgewarnt, viel Zeit dafür einzuräumen. Sie war eine Kleinbäuerin. Genauso schön, wie ihre Tiere gepflegt und der Garten gestaltet waren, ebenso schlecht sah es dann aber im Haus aus. Der Auftrag lautete: Bitte vom Dachboden bis zum Keller alles sauber machen. Schränke und Schubladen sollten ausgeräumt, innen und außen gereinigt und wieder einsortiert werden. Zeitlich gab es keine Begrenzung und die Kosten sollten keine Rolle spielen. Dieses Haus war ein Erlebnis! In der Küche klebte alles, aus dem Backofen holte ich vier Kehrschaufeln von etwas heraus, das wie Holzkohle aussah. In den Schränken fanden wir Nahrungsmittel, die seit zwölf Jahren abgelaufen waren, und in Glasbehältern waren nur noch winzige Überreste von Getreide von den Motten zu unterscheiden. Wir legten los, und als der zehnjährige Junge zum Mittagessen nach Hause kam, rief er verwundert: „Mami, habt ihr die Wände gestrichen, es ist so hell im Haus?“ Die Wände hatten wir aber noch gar nicht berührt, doch nach 16 Stunden Einsatz hatten wir bereits so viel Altes entfernt und das Haus wirkte schon so befreit, dass das Kind es als hell empfand.

Am Nachmittag fing ich dann mit dem Zimmer des Jungen an. Es war entsetzlich. Er hatte in seinem Schlafzimmer Vögel, Meerschweinchen und Hamster – dazu viele weitere kleinere Tiere. Der Teppich war von Flöhen befallen! Alle Vorhänge wurden abgenommen und gewaschen, Teppich und Matratze mit einer Heißdampfmaschine bearbeitet. Die („größeren“) Tiere ließ ich draußen auf dem Flur stehen.

Nach sechsundneunzig (!!!) Stunden intensiver Arbeit war das Haus wie neu. Wochen später begegnete ich der Bäuerin im Dorf und sie erzählte mir, dass der Junge die Tiere gar nicht mehr in seinem Zimmer haben wollte. Sie fanden alle im Wintergarten einen Platz – eine viel bessere Lösung (auch weil dort ein Steinboden war). Der Junge wäre auch so begeistert von seinem schönen Zimmer gewesen, dass er sich während eines ganzen Monats darum bemüht habe, es auch so zu erhalten. Leider, sagte sie, fängt es jetzt wieder an nachzulassen. Für ein zehnjähriges Kind ist das allerdings schon eine tolle Leistung. Einem Kind in diesem Alter das Aufräumen und Putzen des Zimmers ganz allein zu überlassen, ist eine Überforderung.

Am eindrucksvollsten war das Erlebnis bei Ferienhäusern, die über längere Zeit leer standen. Die Häuser kamen einem leer vor, und doch lebte dort etwas, das oft gar nicht angenehm war. Es ist schwer zu beschreiben, was genau es war, doch haben viele von uns, mehr oder weniger, ähnliche Erlebnisse beim Öffnen einer Ferienwohnung oder eines Hauses gehabt, die vielleicht auch schon einige Monate lang unbewohnt waren. Ungepflegte Dinge, auch ungepflegte Gebäude, verfallen erstaunlich rasch. Ein leer stehendes Haus zerfällt schneller als ein bewohntes Haus. Auch ein Auto, das selten gefahren wird, läuft Gefahr einzurasten, ja zu rosten. Die Kleider, Wolle und Stoffe, die regelmäßig gebraucht werden, werden weniger oft von Motten befallen. Sogar der Stein zerfällt langsamer, wenn der Mensch sich seiner (etwa fürs Bauen) bedient.

Im Dorf, in dem ich wohne, gibt es ein Schloss, das von Mai bis Ende September für Besucher geöffnet wird. Meine Firma bekam den Auftrag, dies in Form eines Frühjahrsputzes auf Vordermann zu bringen. Als wir das Schloss betraten, stand es seit sieben Monaten geschlossen. Ich hatte das Gefühl, als hätten die Dinge im Schloss irgendwie ein Eigenleben angenommen, die fremd, ja unheimlich wirkten, umso mehr im Turmzimmer, wo so viele tote Fliegen waren, dass es unmöglich war, sie aufzusaugen. Wir mussten sie eimerweise hinaustragen.

Das erinnerte mich an die Faszination, die wir als Kinder für Häuser hatten, die lange Zeit leer standen. Unbeachtet und unberührt von Menschen, wächst der Staub und der Moder, die Fenster zerbrechen, die Spinnen vollziehen ungehemmt, was ihrem Wesen gemäß ist. Wir, als Kinder, betraten damals solche dem Menschen entfallene Welt, und leise, den Atem anhaltend, flüsterte meistens einer von uns: „Hier spukt's."

In der Tat, in diesen Hohlraum, den kein menschliches Wesen erfüllt, zieht fremdes Wesen ein. Der Wald, in dem Werden und Vergehen dauernd stattfinden, regeneriert und ordnet sich ständig von selbst, auch ohne den Menschen. Aber das Menschengeschaffene, das der Mensch nicht dauernd pflegt und erhält, zerstört sich und gibt den Nährboden ab für eine unternatürliche Welt.

In geringeren Maßen erleben wir so etwas manchmal auch, wenn wir von den Ferien zurückkommen. Wir wissen, dass kein Fuß die Wohnung inzwischen betreten hat, keine Hand hat die Möbel berührt. Irgendwie spüren wir aber, dass sich in den Räumen etwas eingenistet hat, das uns nicht ganz vertraut ist. Wir empfinden das Bedürfnis, die Fenster zu öffnen, alles zu putzen und neu zu beleben. Beim Abstauben nehmen wir wieder die Beziehungen zu all den Gegenständen auf, die wir schon so lange kennen. Die Menschenleere, die in unseren Räumen entstanden ist, wird ausgefüllt, die Melancholie, die alles sich selbst Überlassene befiel, wieder herausgetrieben.

Ordnung zu schaffen
ist ein zutiefst schöpferisches Tun.

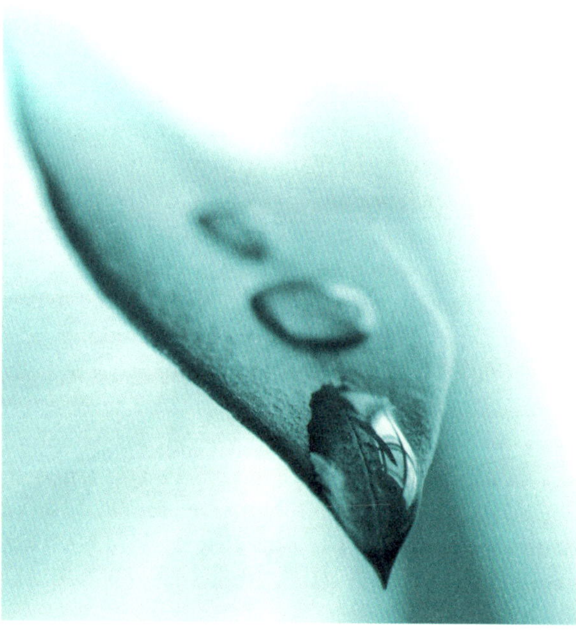

Ordnung und Unordnung

Im Haushalt verwechseln wir sehr oft die Begriffe Chaos und Unordnung. In unserer Alltagssprache hat Ordnung mehr mit Regelmäßigkeit und Übersichtlichkeit zu tun. Ich nenne ein Zimmer ordentlich, wenn alles an seinem Platz ist und ich mich mühelos orientieren und zurechtfinden kann. Sobald ich aber in dem Zimmer anfange, zu arbeiten, zu kochen, oder die Kinder fangen an, dort zu spielen, geht diese Ordnung bald in Unordnung über. Ordnung hat offenbar die Eigenschaft, immer wie von selbst in Unordnung überzugehen – nie (!) ist das Umgekehrte der Fall. Soll sich wieder Ordnung einstellen, dann muss ich bewusst ordnend von außen eingreifen. Ordnung kommt nicht von selbst.

Ordnung zu schaffen ist ein zutiefst schöpferisches Tun und kann der künstlerischen Tätigkeit gleichgestellt werden, vielleicht ist es sogar die ursprünglichste aller künstlerischen Gesten. Indem wir Ordnung schaffen, versuchen wir nach unseren eigenen Vorstellungen etwas Form oder Struktur zu verleihen. Durch die Art, wie wir mit den Dingen umgehen, die uns in der vertrauten Umgebung des eigenen Heimes umgeben, erschaffen wir uns jeden Morgen die Grundlage eines geordneten Systems aufs Neue. Die Kunst des Menschseins liegt darin, das Neue aus dem Alten zu erschaffen. Schauen wir auf die Wirkung der Ordnung, dann können wir bemerken, dass wir Hundertfaches zurückbekommen.

Die innere Kraft, die wir aufbringen müssen, Ordnung zu schaffen, verbindet uns mit einer „höheren Ordnung“. Haben wir es mit intensiver Bemühung geschafft, Ordnung herzustellen, leuchtet in unserer Seele jene wunderbare Harmonie auf, die uns selbst wieder Schritt für Schritt zu einer kosmischen Ordnung zurückführen kann.

Erneuerung und Anfang

Die bewusste Pflege unserer Umgebung kann sogar die Grundlage für eine Erneuerung bilden. Vor Jahren gab ich einen Kurs an einer Erwachsenenbildungsstätte. Drei Stunden jeden Donnerstagabend, über fünf Wochen. Ich erklärte vieles: das Putzen, die Methoden, Werkzeuge, Mittel und vor allem das Pflegen. Die Frauen gingen dann nach Hause und probierten das Gelernte auch aus.

Eine der Teilnehmerinnen war dreiunddreißig Jahre alt, fünfzehn Jahre lang verheiratet, mit drei Kindern. Bei der Vorstellungsrunde erzählte sie, ihre Ehe sei nur noch eine Formsache. Es gab sehr wenig Kommunikation, da sie und ihr Mann sich über die Art, wie mit dem schwer pubertierenden Sohn umzugehen sei, nicht einigen konnten. Vor fünf Jahren hatten sie ein eigenes Haus gebaut. Da ihr Mann Handwerker war, wollte er sehr viel selbst machen. Das Haus wurde aber nie so richtig fertig. Beide hatten kein Interesse mehr, daran zu arbeiten, und sie gestand uns ganz offen, dass sie ihr neues Haus völlig vernachlässigt hatte: es war unordentlich und schmutzig. Als sie nun während des Kurses begann, das Haus nicht nur zu putzen, sondern auch zu pflegen, fing auch ihr Mann an, seine handwerklichen Projekte im Haus zu erledigen. Sie schmunzelte beim Erzählen: „Er meint tatsächlich, ich würde es für ihn tun." Wir freuten uns jeden Donnerstag auf weitere Geschichten. So wurde die Glühbirne, die am Draht im Eingang des Hauses hing, durch eine schöne Lampe ersetzt; die schönen Chromstangen für die Badetücher wurden im Badezimmer angebracht, und die Schnüre, die diesen Dienst übernommen hatten, wurden nach fünf Jahren endlich entfernt. Am letzten Abend kam sie strahlend zum Kurs und erzählte, wie ihr Mann am vorigen Samstag seine Maschinen ins Wohnzimmer brachte, um die Fußleisten für den selbst verlegten Parkettboden zuzuschneiden und endlich anzubringen. Kaum fing die Maschine an zu lärmen, erschien der Fünfzehnjährige und fragte, ob er helfen dürfe. Den ganzen Samstag hätten die zwei zusammen gearbeitet, alle Leisten wurden angebracht, und für das erste Mal seit langer Zeit war der Junge zu Hause und nicht „auf der Straße".

Fünf Jahre später traf ich diese Frau wieder. Sie erzählte mir, dass der Putzkurs ihre Ehe gerettet hätte. Durch die gemeinsame Pflege des Hauses erinnerten sie sich wieder an die erste Zeit, als sie gerade anfingen, das Haus zu bauen. Die gemeinsamen Ideale wurden wieder präsent, und sie erinnerten sich an die vielen schönen Momente. Ihr Mann fühlte sich als Mensch wieder wahrgenommen und respektiert. Ich war doch sehr gerührt, als sie weiter erzählte, dass sich der Junge nach dem Wochenende der gemeinsamen Arbeit mit dem Vater für eine Schreinerlehre angemeldet hatte. Er war jetzt gelernter Zimmermann und hatte sich gut entwickelt.

Die bewusste Pflege
unserer Umgebung kann die
Grundlage für eine Erneuerung bilden.

4

GEDANKEN ZUR UMWELT

„Die Verschmutzung des Planeten
ist nur die Spiegelung im Außen von einer
psychischen Verschmutzung im Inneren,
ein Spiegel für die Millionen von unbewussten
Menschen, die keine Verantwortung für ihren
inneren Raum übernehmen."
ECKHART TOLLE[20]

Sicher, wir sind umweltbewusster geworden. Aber was von unserer Umwelt haben wir damit ins Bewusstsein gehoben?

Es gibt noch immer sehr viel Unverbindlichkeit in Sachen „ökologisch putzen" und erst recht in Sachen „ökologisch duschen". Oft liegt es daran, dass Menschen nicht gut genug informiert sind. Was aber sicher auch sehr viel zur Umweltverschmutzung beiträgt, ist die menschliche Ungeduld und das Portemonnaie. Viele glauben heute noch, dass ökologische Mittel teurer und weniger effektiv sind, was wirklich schon lange nicht mehr stimmt.

Heute gibt es derart viel Information über Reinigungsmittel und deren Inhaltsstoffe, dass es eigentlich keine Rechtfertigung mehr gibt, als erwachsener, verantwortungsvoller Mensch Mittel zu verwenden, die schädlich für unsere Umwelt sind. Das gilt durchaus auch für die Mittel, die wir für unsere Körperpflege und -hygiene einsetzen.

Es ist bekannt, dass in Europa Privathaushalte und Institutionen wie Schulen, Spitäler, große Bürogebäude und so weiter mehr als achtzig Prozent der Abwasserverschmutzung verursachen. In der Industrie gibt es mittlerweile wichtige und strenge Vorschriften, die eingehalten werden müssen, meist gibt es derweil interne Kläranlagen.

Umweltfreundliche Tipps für zuhause

Niemand kann alles tun, aber jeder kann etwas tun. Auch ohne Geld kann man einen Beitrag zu Umwelt-, Natur- und Artenschutz leisten. Schon ganz kleine Änderungen im Alltag können sich positiv auf unsere direkte Umwelt oder aber auch auf das Klima am Nordpol auswirken. Jeder kann versuchen, das tägliche Leben einfach etwas bewusster zu gestalten.

Sobald wir unsere Einstellung zum Putzen, zur Umwelt und zu der Natur ändern, können wir sehr viel entdecken. Es gibt immer wieder neue Situationen, und wir werden gefordert, ständig neue Lösungen zu finden.

Indem wir Dinge oder Ereignisse der Welt annehmen, verbinden wir uns mit unserem ganzen Wesen mit ihnen. Die Dinge und Ereignisse der Welt werden damit Situation des wahren Wesens des Menschen. Damit erhebt der Mensch die Welt. Er teilt ihr Geist und Seele mit. Wer sich mit dem Willen in den

Bedarf der Erde hineinbegibt und ihr gibt, was sie braucht, folgt einem eigenen Schulungsweg. Durch die Andacht zum Kleinen wird das Tun fromm. Und das ist wahre Ökologie.

Umweltgerechte Reinigung

Zu einer umweltgerechten Reinigung gehören nicht nur biologische Reinigungsmittel, sondern auch die Pflege und Werterhaltung der zu reinigenden Gebäude, Räume und Möbel sowie die ökonomischen Aspekte.

1. Bei jeder Reinigung muss eine korrekte Dosierung und ein fachgerechter Einsatz der Produkte gewährleistet werden.
2. Auf unnötige Produkte soll verzichtet werden, doch soll jede Oberfläche richtig gepflegt werden.
3. Wenn möglich, werden chemische Produkte durch mechanische oder manuelle Verfahren ersetzt.
4. Die Werterhaltung von Objekten ist eine wichtige Zielvorgabe im Rahmen der umweltgerechten Reinigung. Neben ökologischen hat dies auch bedeutende ökonomische Vorteile.
5. Verwendung von Produkten, welche in wieder verwendbaren oder zumindest recyclingfähigen Gebinden angeboten werden. Je größer der Behälter, desto günstiger der Einkauf, desto weniger Abfall.

Duftstoffe

Ein Phänomen, das in den letzten Jahren extrem zugenommen hat, ist die Verwendung von Duftstoffen. In jedem Taxi, fast jedem Hotelzimmer und natürlich in öffentlichen Verkehrsmitteln, in Restaurants und so weiter werden wir Duftstoffen ausgesetzt. Manchmal kann die Duftwolke einer vorbeigehenden Person schier betäubend wirken.

So genannte chemisch „identische" Duftstoffe sind keineswegs wirklich identisch. Im Hinblick auf die zunehmende Zahl sensibler Menschen ist die Transparenz bei der künftigen Inhaltsstoffdeklaration in jedem Fall zu befürworten. Die neuen EU-Gesetze setzen jedoch natürliche Duftkomponenten eines ätherischen Öles und synthetisch erzeugte Duftstoffe gleich und verzerren die Realität dadurch völlig.

Reine ätherische Öle entstehen im Jahreslauf der Natur, im Rhythmus von Tag und Nacht. Das Licht der Sonne, die Wärme des Bodens, alles ist darin gespeichert. Das ätherische Öl ist Essenz der Pflanze und enthält oft mehr als 100 verschiedene Komponenten, die sich gegenseitig ergänzen und steigern.

Synthetische Duftstoffe werden aus Erdöl gewonnen oder werden, wie bei Vanillin, aus industriellen Abfallstoffen hergestellt. Synthetisch erzeugte Duftstoffe zielen nur isoliert auf einen Duft-Effekt, fern der lebendigen Ganzheit duftender Pflanzen. Hinzu kommt, dass bei der petrochemischen Synthese herstellungsbedingt immer Chemikalienreste dem Endprodukt beigemischt sind.

Studien, die von Firmen wie Weleda, Wala (www.wala.de) und vom BDIH (Verband kontrollierter Naturkosmetik) in Auftrag gegeben wurden, untersuchten die unterschiedliche Wirkung isolierter, synthetisch erzeugter Duftstoffe im Vergleich mit „gleichen" Bestandteilen natürlicher ätherischer Öle: Freiwillige Testpersonen, die auf bestimmte synthetische Duftinhaltsstoffe nachweislich allergisch reagierten, zeigten auf den scheinbar chemisch identischen Stoff eines ätherischen Öles keine oder nur ganz eingeschränkte Reaktionen.[21]

Auch in der Aromatherapie ist die Wirkungslosigkeit synthetisierter Düfte im therapeutischen Bereich verglichen mit reinen ätherischen Ölen längst bekannt und das beleuchtet so von einer anderen Seite her die Ungleichheit chemisch identischer Stoffe.

Mit jedem Atemzug nehmen wir neben Sauerstoff eine Vielzahl gasförmiger Stoffe in uns auf. Diese entfalten ihre feine aufbauende oder zerstörende Wirkung im gesamten Körper. Dass Inhalation von Zigarettenrauch krank macht, wird von niemand mehr angezweifelt. Und ob wir die Luft eines Bergwaldes einatmen oder die Abgase einer stark befahrenen Straße, das kann für uns nicht gleichgültig sein. Genauso wenig ist es gleichgültig, ob wir die natürliche Duftessenz einer Pflanze einatmen oder nur den chemisch identischen Schein derselben.

Reine natürliche ätherische Düfte wirken harmonisierend und therapeutisch aufbauend, während synthetisch erzeugte Duftstoffe lediglich Duft-Attrappen darstellen, die zusätzlich die Luft verschmutzen.

Reinigungsmittel, Geräte und ihre Anwendungsbereiche

Weniger ist mehr

Persönlich habe ich über die Jahre immer weniger Putzmittel benutzt. Heute habe ich so weit reduziert, dass ich für die normale Unterhaltsreinigung eigentlich nur noch drei Mittel verwende. Hinzu kommen noch Geschirrspülmittel und Waschmittel. Für spezielle Oberflächen, wie zum Beispiel geölte oder geseifte Holzböden und Möbel, braucht man selbstverständlich die dafür geeigneten Pflegemittel.

Putz- und andere Hilfsmittel

Welche Mittel werden für welche Reinigungsaufgaben benötigt? Wann brauche ich beispielsweise die Klinge, den Abzieher, die Fasertücher?

Am bekanntesten sind folgende Mittel: Säuren, Alkalien, neutrale Mittel, Abrasivstoffe, Lösungsmittel, Fensterabzieher, Glasschaber und Mikrofaser.

✳ ***Säuren:*** Zitronensäure, Essig- und Milchsäuren, Ameisensäure (Phosphor- und Salzsäuren am besten vermeiden).

Anwendung: Alle Nass-Bereiche im Haushalt: WC, Dusche, Bad, Waschbecken, Porzellan, Blumenvasen, Verkalkungen, Zementschleier, Rost und auch Fett-Verschmutzungen, Urinstein, Kesselstein, Kalkflecken auf Glasscheiben.

Bei Armaturen und Edelstahl dürfen nur leicht säurehaltige Produkte eingesetzt werden, da starke Mittel Verfärbungen verursachen können. Als Neutralisierung nach Alkali-Behandlungen (z.B. nach Entflecken mit Gallseife auf Wolle) mit Essig nachspülen, damit die Wolle nicht verfilzt.

Flecken, die eher durch Saureres (Erbrochenes) oder Obst verursacht wurden, lassen sich einfach entfernen, wenn sie auch „sauer" behandelt werden, zum Beispiel mit Zitronensaft oder mit dem leicht sauren Panamarinden-Extrakt Valpa (von der Firma Bonadea, Arlesheim, CH; www.bonadea.ch). Niemals auf Marmor, Granit oder anderen nicht säurefesten Oberflächen verwenden!

✷ ***Alkalien:*** Waschsoda (feines Kristallsoda), Schmierseife, Gallseife, Backsoda (Natron); Salmiak und Ammoniak eher vermeiden.

Anwendung: Bei Fett und Flecken.

Vorsicht bei angestrichenen oder unecht gefärbten Gegenständen: sie können laugen. Aber sehr geeignet als Grundreinigungsmittel etwa für den Filter vom Dampfabzug.

Tipp: Eine Handvoll Soda in heißem Wasser, Filter darin einlegen.

Ungeeignet für ölhaltige Oberflächen, da es entfettend wirkt für Substanzen wie Linoleum und geöltes Holz. Linoleum wird trocken und brüchig.

✷ ***Neutrale Mittel:*** Allzweckreiniger, Butzwasser, neutrale Seife.

Anwendung: Können überall eingesetzt werden, wo keine besondere Pflege benötigt wird (z.B. synthetische oder angestrichene Oberflächen wie Türen, Rahmen usw.). Allzweckreiniger eignen sich nicht für Nassbereiche, da sie den Kalk nicht lösen.

✷ ***Abrasivstoffe:*** Putzstein, Wienerkalk, Quarz, Asche, Kreide, Bimsstein, Schlemmkreide (Scheuermilch oder -puder eher vermeiden).
Anwendung: Sehr gezielt einzusetzen, da es Oberflächen beschädigen kann: Ausgezeichnet für die Entfernung von Metall- oder Bleistiftkratzern (zum Beispiel Besteck-Schublade oder Topf-Schrank), von schwarzen Strichen auf Böden, Türen und Wänden (Scheuermilch braucht viel mehr Wasser zum Nachspülen und kann Abläufe durch Ablagerungen verstopfen).

✷ ***Lösungsmittel:*** Gärungsalkohol, Terpentin, Benzin, Petroleum.
Anwendung: Sehr gezielt einsetzen.
Kleberückstände (Klebstreifen, Teppichkleber, Etiketten) zuerst mit Rasierklingen, Reste mit Petroleum oder Mikrofaser entfernen. Versuchen Sie es bei Verkrustungen und Farbrückständen immer zuerst manuell!

✷ ***Fensterabzieher:*** Obwohl sie fast überall zu finden sind, empfehle ich Ihnen, etwas in einen guten Fensterabziehen zu investieren. Schauen Sie darauf, dass die Gummilippe aus Moosgummi besteht und auswechselbar ist.
Der Glasschaber ist eine professionelle Klinge, die eine große Hilfe bei der Entfernung von Klebeband, Farbresten und Insektenklecksen auf Fensterscheiben ist, Krus-

ten im Backofen, Angebranntem am Glas des Backofens, Kalkrückständen, Fettschichten, Kaugummi, Schmutzschichten und vielem mehr. Durch diese manuelle Anwendung vermeiden wir weitgehend den Einsatz von Lösungsmitteln.

✳ ***Mikrofaser:*** Kann für alle Bereiche und fast alle Oberflächen weitestgehend ohne Putzmittel eingesetzt werden.

Wichtig: Verwenden Sie nur eine gute Qualität von Fasern! Empfindliche Oberflächen testen. Nicht auf lackierten Oberflächen verwenden (vor allem nicht bei Klavier-Flügeln)! Fasern sollten mit möglichst wenig Wasser verwendet werden, also nebelfeucht. Mikrofasern erweisen sich als ausgezeichnet für Fleckenentfernung in Kombination mit Reinigungswasser. Sehr effizient bei Flecken auf Teppichen und Polstermöbeln.

Das Enjo-Reinigungssystem garantiert eine schnellere und einfachere Reinigung als mit herkömmlichen Reinigungsmitteln. Der Verbrauch von Reinigungsmitteln kann bis zu 90% und der Wasserverbrauch bis zu 50% gesenkt werden. Mit den Enjo-Fasern, die aus mikroskopisch kleinen Fasersträngen bestehen, gelangen Sie in die feinsten Poren und Ritzen der zu reinigenden Oberflächen. Die Fasern sind so konstruiert, dass sie nur mit Wasser die verschiedenen Schmutzpartikel von den Oberflächen und aus den Poren lösen, festhalten und erst beim Auswaschen wieder loslassen. Die Enjo-Produkte sind qualitativ hochwertig und haben eine Garantiezeit von zwei Jahren. Die Fasern werden am Ende ihrer Lebensdauer zurückgenommen und einem Recyclingprozess zugeführt. **www.enjo.net**

Desinfektion

Es wird immer schwieriger, frei zu entscheiden, welche Mittel wir verwenden sollen, wenn es um die Reinigung und Desinfektion von Wohngemeinschaften, Alters- und Pflegeheimen sowie sozialpädagogischen Heimen geht. Vorschriften und Kontrollen zum Thema Hygiene und Desinfektion werden immer strenger und das Personal wird dadurch verunsichert.

Es gibt gute Alternativen zu den konventionellen Produkten, wie zum Beispiel die Flächendesinfektionsmittel von Sonett. Sie sind rein pflanzliche Desinfektionsmittel mit einem breiten Einsatzbereich in Heimen, Schulen, Kindergärten, Praxen, Großküchen und in Lebensmittel verarbeitenden Betrieben. www.sonett.eu

Tipp: Für die Handwäsche und zum Putzen von Badewannen und Duschen kann man auch ein Desinfektionsmittel ausprobieren, das man selbst herstellen kann:

Lösung in 5 Liter gutem Geschirrspülmittel

	ml	Prozent (%)
Thymian	25	0,5
Zitronen-Eukalyptus	25	0,5
Lavendel	50	1
Rosmarin	50	1
Teebaum	50	1
Eukalyptus	25	0,5
Gesamt	225	4,5

Als weitere antiseptische Öle, die Bakterien vernichten, sind bekannt: Thymian, Lavendel, Rosmarin, Pfefferminz und Rose.

Interessant ist auch die Verwendung von dem sogenannten ***E-Wasser***, das die Technologie der elektrochemischen Aktivierung (ECA) nutzt und unbegrenzt eine umweltfreundliche und hoch effektive kombinierte Desinfektions- und Reinigungslösung – aus Leitungswasser und etwas Salz – produziert.

Drei Mittel (Zitronensäure, Soda, Wasser)

Die drei Mittel, die ich hauptsächlich bei der Unterhaltsreinigung verwende, sind:

- ***Zitronensäure:*** *für die Nassbereiche = 1 Esslöffel auf 500 ml Wasser in Sprühflasche*

Laut Überlieferung war Zitronensäure schon den ersten Alchemisten bekannt. Bereits im 9. Jahrhundert soll der arabische Alchemist Dschäbir ibn Hayyän Zitronensäure entdeckt haben. Im Jahr 1784 wurde Zitronensäure erstmals von Carl Wilhelm Scheele aus dem Saft der Zitrone isoliert.

Zitronensäure ist eine der am weitesten verbreiteten Säuren im Pflanzenreich und tritt als Stoffwechselprodukt in allen Organismen auf. Zitronensaft enthält beispielsweise 5 bis 7% Zitronensäure. Sie kommt aber auch in Äpfeln, Birnen, Sauerkirschen, Himbeeren, Brombeeren, Johannisbeeren, in Nadelhölzern, Pilzen, Tabakblättern, im Wein und sogar in Milch vor.

Weniger ist mehr.

Ursprünglich wurde Zitronensäure aus Zitrusfrüchten gewonnen: Zitronensaft wird mit konzentrierter Ammoniaklösung versetzt, eingedickt und filtriert. Das leicht lösliche Ammoniumcitrat wird durch Fällung mit Calciumchlorid in schwerer lösliches Calciumcitrat umgewandelt. Die Lösung wird erneut filtriert und der Filterkuchen in 25%iger Schwefelsäure gelöst, wobei noch schlechter lösliches Kaliumsulfat (Gips) ausfällt. Nach erneuter Filtration wird eine Zitronensäurelösung gewonnen. Die reine Zitronensäure erhält man durch Kristallisation, sie bildet im wasserfreien Zustand rhombische Kristalle, die leicht sauer schmecken.

Da Zitronensäure immer öfter mit Hilfe einer transgenen Variante des Schimmelpilzes (Aspergillus niger) industriell gewonnen wird, ist es wichtig, beim Einkaufen nach dem Ursprung zu fragen.

Verwendung: Zitronensäure wirkt nicht nur durch die saure Wirkung kalklösend, sondern auch durch Bildung eines Calcium-Komplexes und wird häufig in Reinigungsmitteln eingesetzt. Damit wird der unangenehme Geruch von Essigreinigern vermieden. Zitronensäure kann beispielsweise für die Entkalkung von Wasserkochern, Tauchsiedern, Wasserhähnen, Duschköpfen oder von Geschirrspülern oder Waschmaschinen verwendet werden. Sie wird auch als Wasserenthärter und alternativer Weichspüler eingesetzt. Zitronensäure kann auch gut bei der Reinigung von Kupfergegenständen eingesetzt werden.

✳ ***Soda (Natron):*** *(feines Kristallsoda) bei starken Fettrückständen = 1 Esslöffel auf 500 ml Wasser in Sprühflasche*

Soda ist ein Salz-Mineral aus der Mineralklasse der wasserhaltigen Carbonate ohne fremde Anionen und das Dekahydrat des Natriumcarbonats. Es kristallisiert im monoklinen Kristallsystem mit der chemischen Zusammensetzung $Na_2CO_3 10H_2O$ und entwickelt meist farblose, weiße, graue oder gelbe Ausblühungen bzw. krustige Überzüge auf Salzgesteinen. Soda bildet sich vorwiegend durch Verdunstung an den Rändern von Salzseen oder durch Ausfällung am Seegrund bei kaltem Wetter. Fundorte sind verschiedene Natronseen unter anderem in Ägypten, Äthiopien (Shala), Großbritannien, Italien, Kanada, Ungarn, Russland und den USA.

Soda ist ein wichtiger Rohstoff beziehungsweise ein wichtiges Hilfsmittel zur Herstellung von Glas, Bleichmitteln, Waschmitteln, Farbmitteln, Gerberciprodukten. Die natürlichen Vorkommen reichen dafür nicht aus, so dass es weltweit in großen Mengen als Natriumcarbonat hergestellt wird.

Bereits im Altertum wurde es allgemein als Reinigungsmittel unter anderem für Glas verwendet. Im alten Ägypten diente es zur Trocknung von Leichen und damit der Mumifizierung. Schon die Römer versuchten, mit alkalischer Birkenasche oder Soda Haare zu bleichen.

Verwendung: Waschsoda hilft bei vielen hartnäckigen Verschmutzungen. In warmem Wasser aufgelöst wirkt es als Lauge, weswegen man beim Umgang damit Gummihandschuhe tragen sollte. Man benutzt Waschsoda bei eingebrannten Verschmutzungen, Teerändern, Fettverkrustungen, zum Einweichen von Textilien und zum Enthärten von Wasser.

Verkrustete Backbleche, Pfannen und Töpfe legt man einfach für mehrere Stunden in ein Sodabad. Danach lassen sie sich ganz einfach säubern. Gegen den fettigen Film auf Dunstabzugshauben hilft ein feuchter Schwamm mit Waschsoda. Gegenstände aus Aluminium sollte man allerdings nicht damit behandeln, ebenso wenig Wolle oder Seide. Bei empfindlichen Gegenständen und Stoffen ist es immer besser, Vorsicht walten zu lassen und im Zweifelsfall auf die Anwendung von Waschsoda zu verzichten. Außerdem eignet es sich zum Abwaschen von Holz, weil dadurch Keime abgetötet werden. Waschsoda reizt die Schleimhäute, deswegen sollte man es nicht einatmen oder verschlucken. Von Kindern fernhalten und nicht in der Nähe von Lebensmitteln aufbewahren. Es behält seine Wirksamkeit am längsten, wenn man es in einer verschlossenen Dose aufhebt und vor Feuchtigkeit schützt.
Hinweis: Waschsoda ist Natriumcarbonat und sollte nicht mit Natriumhydrogencarbonat verwechselt werden. Beim Letzteren handelt es sich nämlich um Natron beziehungsweise Backpulver.

✷ ***Wasser:*** Es gibt heute verschiedenste Produkte, die aus reinem Wasser bestehen und doch sehr gute Resultate erzeugen. Drei von diesen Mitteln habe ich persönlich erprobt und kann bestätigen, dass sie wirksam sind:

Aqua-veda wird CO_2-neutral in Deutschland hergestellt, es ist zu 100% ökologisch, schont Gewässer und das Gewissen, ist parfümfrei und anti-allergen und kommt selbstverständlich ohne Tierversuche aus. Ein versehentliches Verschlucken des Wassers ist unbedenklich. **www.aqua-veda.de**

Butzwasser für fast alles andere verwenden (7 Tropfen auf 1 l Wasser).

Das Butzwasser® ist 100% ökologisch: Völlig frei von jeglichen Zusätzen! Es besteht aus reinem Wasser mit Lichtmatrix-Technologie und ist ein freies Wasser.

www.lichtmatrix.de

5

DER GROSSE FRÜHJAHRSPUTZ

„Die Vitalität selbst ist das Resultat einer Vision. Wenn es keine Visionen mehr gibt von etwas Großem, Schönem, Wichtigem, dann reduziert sich die Vitalität, und der Mensch wird lebensschwächer."
ERICH FROMM[22]

Der große Hausputz ist trotz Emanzipation traditionell immer noch Frauensache. Obwohl manchmal Männer helfen, wird die Arbeit häufig unterschätzt und ist auch nicht ganz ungefährlich. Wie bei allem, ist auch im Haushalt das Vorbeugen eine große Hilfe beim Umgang mit der Zeit und den Nerven. Die meisten Unfälle passieren tatsächlich im Haushalt.

Von den vielen Unfällen, die jedes Jahr im Haushalt passieren, ist fast die Hälfte auf Stürze zurückzuführen. Hast, Eile sowie unsichere Ausrüstung sind die häufigsten Gründe für Stürze. Stolperfallen wären in vielen Fällen vermeidbar – und zwar mit einer einfachen Regel: Beim Aufräumen immer mit dem Fußboden beginnen. So lebt man nicht nur ungefährlicher, der freie Boden vermittelt sofort ein Gefühl der Ordnung.

Es ist eine große Hilfe, wenn wir lernen, unser Haus oder unsere Wohnung als Organismus zu verstehen.

Wenn wir wieder lernen, mehr auf die Prozesse achtzugeben, werden wir feststellen, dass wir sie auch im Haushalt berücksichtigen sollten – so selbstverständlich etwa, wie wir als Menschen unsere Nahrung aufnehmen, verdauen und ausscheiden. Natürlich dauert im Haus ein Verdauungsprozess etwas länger, aber wenn gar nicht mehr ausgeschieden wird, wirken das Haus überlastet und die Bewohner manchmal bedrückt.

Der Gedanke, dass unser Zuhause genauso wie der Mensch selbst aus physischem Leib, Lebensleib und Seelenleib (Astralleib) sowie einem Ich (Geistwesen) bestehen könnte, ist für viele vielleicht neu und befremdlich. Doch ist es eigentlich gut nachvollziehbar.

Unser Zuhause hat selbstverständlich eine physische Seite, die sich oft gewaltig den Augen präsentiert – und uns manchmal wie ein Berg vorkommen kann. Dazu gehört die ganze Einrichtung (Möbel und anderes). Auch der Garten, der Keller, der Speicher, die Garage gehören dazu. Hier erleben wir stark das Erdelement, das sich ja unter anderem durch seinen Widerstand auszeichnet. Werden die Widerstände im Haushalt durch bewusstes Arbeiten, durch harmonische, fließende und durchdringende Gesten verwandelt, dann befinden wir uns schon im Lebensleib unseres Zuhauses: seine Lebensströmung, die sich in der Ordnung, in der Aufteilung, in den Gewohnheiten und Rhythmen der Bewohner zeigt, kurz, in der Art, wie eine Lebensgemeinschaft gestaltet wird.

Weil wir im Haushalt mit so vielen stofflichen Prozessen zu tun haben, begegnen wir nicht nur der Welt der Dinge, sondern dem Wesenhaften an und in den Dingen. Wir erkennen die Würde der Dinge. Im Haushalt beantwortet sich auch die Frage, ob ich mich heilend zur Welt, zu den Lebensräumen verhalte oder nicht.

Im Seelenleib (Astralischen) des Hauses lebt das ganze Denken, Fühlen und Wollen. In ihm leben die Qualitäten, die durch die einzelnen Menschen in die Gemeinschaft getragen werden. Das Astrale ist in der Atmosphäre eines Hauses erlebbar. Sie wird durch unsere Tätigkeiten geprägt, vor allem durch unsere künstlerischen Tätigkeiten – sei es die Kochkunst oder die Kunst des Ordnung-Schaffens! Am wichtigsten sind der Humor und die Andacht zum Kleinen sowie die Hingabe zur Tätigkeit.

Schließlich kann man noch vom Geistigen eines Hauses sprechen. Wie entsteht das Geistige in einem Haus? Durch den Bezug, den die Bewohner zu Aspekten des Kulturlebens haben. Wie wird die Kunst im Haus gepflegt? Was lebt im sozialen Bereich der Familie (nehmen wir Rücksicht aufeinander)? Wie führen wir Gespräche, wird am Tisch ein Gebet gesprochen? Ein weiteres wichtiges Element des Geistigen ist das Wissen um die Schutzengel, die einen jeden Menschen durch sein Leben führen. Auch die Verstorbenen, die mit uns verbunden sind, begleiten uns weiter.

Vernachlässigung ist das Gegenteil von Pflege. Und so wie Pflege und Ordnung eine strahlende Qualität haben, so empfinde ich die Vernachlässigung als etwas Schleichendes, Kriechendes. Es nimmt seinen Ausgang in all den nicht durchdrungenen Eckchen und Orten. Es kriecht von den Fenstersimsen, auf denen zu viele Dinge herumliegen, oft so viele, dass wir nicht einmal mehr realisieren, dass der Sims derweil zu einem regelrechten Friedhof geworden ist. Zwischen den Tannenzapfen, Kastanien, Kristallen und Pflanzen liegen viele tote Insekten herum. In den Falten der Vorhänge haben die Spinnen sich eingenistet, und unter den Betten reichert sich der Staub an, weil so viele Sachen unter den Betten verstaut sind, dass man kaum mehr saugen kann.

Eine schöne Dekoration für das Zuhause ist ein Tischlein, das man der Jahreszeit entsprechend gestaltet. Manchmal ist sogar ein solcher Jahreszeitentisch verstaubt, ja auch dort finden sich oft tote Fliegen. Kein Wunder, dass dann die Kinder kein Interesse mehr daran hegen. Räumen wir den Tisch aber auf und machen das Tuch und die Blumen wieder frisch, dann haben sie gleich wieder Freude daran.

Wesentliches im Reinigungsprozess

✳ ***Wahrnehmung:*** Was man nicht sieht, putzt man nicht. Wer eine Ecke als Ecke wahrnimmt, putzt sie nicht „rund“ (ein Beispiel für eine aus der Sache geführte Geste). Mit den Fingerspitzen wird die Ecke gereinigt und durchdrungen.

Was man nicht sieht, putzt man nicht. Wer eine Ecke als Ecke wahrnimmt, putzt sie nicht „rund".

✳ ***Struktur:*** Was und wie viel will ich machen?

✳ ***System:*** Wo fange ich an und wie gehe ich vor (von oben bis unten usw.)?

✳ ***Rhythmus:*** Wie oft, an welchem Tag, mit welchen Gesten? Putze ich mit hektischen Bewegungen, kämpfe ich oder mache ich harmonische Bewegungen? Achte ich dabei auf meinen Körper oder darauf, wie ich etwas in die Hand nehme, wie ich damit umgehe?

✳ ***Methode:*** (hier spielt die Wahrnehmung mit) Wie wende ich meine Gestik an? Wann arbeite ich fließend und wann mit den Fingerspitzen?

Beim Wasserhahn soll ich mit der Fingerspitze bis zum Ansatz arbeiten, sonst bildet sich eine Kalkablagerung. Wenn ich beim Fliesenputzen nur flächendeckend arbeite und nie mit der Fingerspitze die Fugen reinige, kann sich Schimmel bilden. Auffallend ist, wie oft zum Beispiel Kochtöpfe von innen sehr gut geputzt werden, aber gar nicht so gut von außen. Für die Topfdeckel ist es oft gerade umgekehrt: Sie werden gut von außen, aber nicht ganz so gut von innen geputzt.

Vorbereitung und Planung

Nehmen Sie sich für den Frühlingsputz nicht zu viel vor, sondern setzen Sie sich realistische Ziele. Natürlich können Sie auch die ganze Wohnung auf einmal in Angriff nehmen und durcharbeiten, aber dann sind Sie hinterher vermutlich geschafft und außerdem laufen Sie Gefahr, manches nur oberflächlich zu erledigen. Im schlimmsten Fall: Sie würden gar nicht vom Fleck kommen. Besser ist es, sich ein Zimmer nach dem anderen vorzunehmen, es aber dafür gründlich zu putzen.

Doch ist es wichtig, kräfteschonend zu arbeiten. Es ist nicht immer notwendig, alles auszuräumen. Es reicht oft, wenn die Möbel weggezogen werden. Bei den Pflanzen, die nicht umgetopft werden müssen, werden alle alten Blätter entfernt und die anderen entweder abgestaubt oder abgeduscht.

Nehmen Sie sich nicht zu viele Einzelheiten vor. Arbeiten Sie mit kleinen, aber permanenten Schritten langsam auf Ihr Ziel zu. Viele Menschen lenken sich ab, indem sie sich zehn unwesentliche Dinge vornehmen, anstatt nur ein Wesentliches zu erledigen. Es geht nicht, wenn wir uns zwanzig Dinge zugleich vornehmen. Am Ende des Tages sind wir nur frustriert und unzufrieden mit einem großen Gefühl des Versagens.

Wenn ich mir zehn Dinge gleichzeitig vornehme, ist es nahezu unmöglich, mich mit allen Vorhaben gleich intensiv zu verbinden. Ich habe ständig alle zehn Dinge im Sinn, das heißt: Ich putze das Bad und denke bereits an die Küche. Irgendwann wird die Unruhe und Ungeduld so groß, dass ich das Bad verlasse und in die Küche gehe. Beim Schrankausräumen erinnere ich mich, dass im Bad der Inhalt des Schrankes noch nicht wieder eingeräumt ist. Und so folgt eins aufs andere, aber nichts wird richtig zu Ende gebracht, weil ich ja immer noch etwas anderes vorhabe. Dadurch lebe ich nie wirklich in der Gegenwart, ich genieße nicht bewusst, was ich tue. Ich laufe mir selbst ständig hinterher und hinterlasse überall Baustellen. Nichts ist so erschöpfend wie nur halb gemachte, unerledigte Dinge.

✳ ***Wichtig:*** Entscheiden Sie sich, wie lange die Arbeitseinheiten sein sollen! Es ist gut, nach neunzig Minuten oder im Maximum zwei Stunden eine Pause einzuplanen. Schauen Sie zu, dass Sie immer etwas zu trinken greifbereit haben. Die Arbeit und die Ruhepausen sollten gut geplant werden, um nicht durch unnötige Erschöpfung den eigenen Elan zu untergraben.

Frühjahrsputz ist Schwerstarbeit! Das merken leider oft nur diejenigen, die ihn machen. Und das sind meist Frauen. Dabei ist gerade eine solche Großaktion geeignet, die ganze Familie einzuspannen. Das entlastet, macht einfach mehr Spaß und der Nachwuchs lernt einiges für die Zukunft. Der Familienputztag soll langfristig geplant werden, damit auch alle anwesend sind. Sprechen Sie dabei Ihr Bedürfnis so aus, dass es nicht eine Forderung ist, sondern die Aussicht auf ein freudiges Ereignis für die ganze Familie und das Haus.

Wenn Teamarbeit angesagt ist, braucht es eine ganz klare, transparente Kommunikation, es bedarf einer Familienbesprechung und verbindlicher Verabredungen. Die Arbeit wird gut aufgeteilt: wer macht was, wo und womit? Wenn die Kinder bereits früh lernen, gemeinsam mit der Familie die anstehenden Aufgaben in bestimmten Rhythmen zu wiederholen, werden die Willenskräfte gestärkt und sie können neue Fähigkeiten entwickeln wie Verbindlichkeit und Zuverlässigkeit. Vor allem entdecken sie, dass die geteilte Arbeit Spaß machen kann. Sie erleben die Freude und Befriedigung, ein gemeinsames Ziel erreicht zu haben.

Der Frühjahrsputz sollte keine Kriegserklärung sein! Es darf durchaus eine Liebeserklärung sein. Eine Liebeserklärung an die Gegenwart.

Achten Sie darauf, sich möglichst rhythmisch zu bewegen. Bewegung aus dem Rhythmus heraus macht nicht müde. Müde wird man, wenn man allein aus dem Gliedmaßen-Willensbereich heraus arbeitet, wenn man mit kämpferischen, chaotischen Bewegungen Schultern und Nacken anspannt. Achten Sie auf Ihre Gestik – versuchen Sie entspannt zu arbeiten, dann werden Sie auch merken: Alles wird verwandelt, nicht bekämpft!

- Entscheiden Sie, wer wo anfangen soll. Die Aufgaben sind aufgeteilt und gut erklärt.
- Wichtig ist dann, dass von allem, was Sie brauchen, für alle Beteiligten genug vorhanden ist: Putzmittel, Möbelpolitur, Gardinenpflege, Tücher, Mülltüten usw. Alles kommt in einen oder zwei Eimer, damit unnötige Wege gespart werden können.
- Eine sichere Leiter, rutschfeste Schuhe und bequeme Kleidung unterstützen Ihre Bemühungen.

Großaktionen

Falls Sie den Frühjahrsputz auch gleich mit einer *Ausräumaktion* verbinden wollen, brauchen Sie Freiraum auf dem Dachboden und im Keller. Die meisten Menschen haben doch Mühe, einfach etwas wegzuwerfen oder direkt zu verschenken. Falls Sie zu diesen gehören, brauchen Sie diesen Freiraum. Es ist unnötig, sich selbst zu überfordern. Sie können sich bei der Gemeindeverwaltung erkundigen, wann der *Sperrmüll* zu entsorgen ist. Bei jedem Teil, das Sie in die Hand nehmen, entscheiden Sie sofort, ob Sie es wirklich behalten, verschenken, weiterverkaufen oder gleich entsorgen möchten. Der Frühjahrsputz ist nämlich die beste Gelegenheit, um Dinge, die überflüssig oder unbrauchbar sind, endlich loszuwerden.

Es ist gut, erst einmal herauszufinden, welcher Raum es am nötigsten hat, welcher einen am meisten stört. Bevor Sie schließlich mit dem Aufräumen beginnen, stellen Sie sich einen Moment an die Türschwelle und schauen Sie sich den Raum an. Nehmen Sie ihn als Ganzes wahr. Und dann fragen Sie sich: *Was stört mich eigentlich am meisten?* Meistens ist es dasjenige, was Sie immer wieder verschieben, was Sie umgehen, was Sie vermeiden.

Fangen Sie also einfach mit dem an, was Sie am meisten stört. Gerade dort hat sich irgendetwas von Ihnen verselbständigt, und deswegen schauen Sie dort auch nicht gerne hin. Sobald Sie aber gerade dort angefangen haben, wird unversehens viel Kraft frei.

Großaktionen sollten separat von der aktuellen Aufräumaktion geplant werden, sonst kommt man nicht vorwärts!

✳ ***Sehr wichtig:*** Sollte das, was Sie am meisten stört, eine Großaktion sein (zum Beispiel die Fotos aussortieren und einkleben), dann planen Sie sie genau und überlegen Sie sich gut, ob nicht lieber andere Sachen, die unmittelbarer stören, zuerst gemacht werden sollten. Dies könnte nämlich eine schöne Sache für den Winter sein, mit Familienmitgliedern (oder ohne). Sollten Sie aber entschlossen sein, die Fotos zu sortieren, bereiten Sie alles genau vor. Ein großer Tisch, verschiedene Alben, was Sie so alles brauchen zum Kleben und Beschriften und – nicht zu vergessen – ein großer Abfallkorb!

Eine gute Gelegenheit, die *Kleider* genau anzuschauen, besteht in den Momenten, in denen wir die Wintersachen versorgen und die Sommersachen wieder herausholen. Wie viele Kleidungsstücke braucht ein Mensch? Wann hat ein Kleidungsstück ausgedient? Lohnt es, sich mit den vielen Dingen, die Schränke, Speicher und Keller füllen, zu belasten – ja oft ohne dass sie beachtet werden? Ist das dieser Dinge, die uns doch einmal gedient und Freude bereitet haben, würdig?

Wenn ich etwas sehe, das ich seit Jahren nicht mehr getragen habe, wäre jetzt nicht vielleicht eine Gelegenheit, mich davon zu trennen? Oder, falls es doch zu schwierig ist, kann man sich in dem Moment entscheiden, das Kleidungsstück mit dem Vermerk zu versorgen: „Sechs Monate (oder ein Jahr) Schonzeit." Oder: „Wenn ich dich im kommenden Sommer nicht anziehe, dann darfst du gehen." Ist diese Zeit abgelaufen, wäre es gut, sich endgültig davon zu trennen. Dazu gibt es viele Möglichkeiten – wie die Altkleidersammlung oder ein Secondhand-Laden zum Wiederverkauf.

Aufräumen ist Loslassenlernen, Vertrauen stärken, dass wir genug haben werden, dass wir Wichtiges nie wirklich vergessen werden.

Praktisches zum Frühjahrsputz

> „*Was ist Arbeit? Sichtbar gemachte Liebe. Und wenn ihr nicht mit Liebe, nur mit Widerwillen arbeiten könnt, lasst besser eure Arbeit und setzt euch ans Tor des Tempels und nehmt Almosen von denen, die mit Freude arbeiten. Denn wenn ihr mit Gleichgültigkeit Brot backt, backt ihr bitteres Brot, das nicht einmal den halben Hunger des Menschen stillt. Und wenn ihr die Trauben mit Widerwillen keltert, träufelt eure Abneigung Gift in den Wein.*" *Kahlil Gibran*[23]

Was gehört im Allgemeinen zum Frühjahrsputz? Bitte schlagen sie jetzt nicht das Buch zu!

Es ist eine sehr traditionelle Liste, aber Sie entscheiden, was Sie tun wollen!

Was üblicherweise zum Frühjahrsputz gehört, sind folgende Aufgaben:

In allen Räumen:

- Decke und Wände abfegen
- Jalousien putzen
- Lampenschirme entstauben oder abnehmen und reinigen
- Bilderrahmen entstauben
- Heizkörper entstauben
- Bücherregal entstauben
- Gardinen abnehmen und waschen
- Gardinenleisten reinigen
- Fensterrahmen reinigen
- Fenster putzen
- Schränke ausmisten
- Möbel reinigen und polieren
- Blumentöpfe säubern
- Türen und Türrahmen reinigen
- Teppiche reinigen (Ausklopfen/Dampfreiniger)

Im Schlafzimmer kommt Folgendes dazu:

- Betten abziehen und Bettzeug lüften
- Bettvorleger abklopfen
- Lattenrost reinigen
- Matratzen reinigen (absaugen/Dampfreiniger)
- Kleiderschrank ausmisten
- Nachtschränkchen entrümpeln

Im Kinderzimmer mit den Kindern:

- die Spielsachen reinigen und sortieren

Jugendliche dürfen selber entscheiden, was sie tun wollen – ermutigen und mit gutem Beispiel vorangehen!

In der Küche:

- Schränke und Vorratsschränke ausräumen
- Kaputtes Geschirr und alte Lebensmittel entsorgen
- Filter der Dunstabzugshaube wechseln oder reinigen
- Herd polieren und Backofen reinigen
- Fliesen putzen
- Siphon bei den Armaturen entkalken
- Kühlschrank abtauen und auswischen
- Wasserkocher und Kaffeemaschine entkalken/reinigen

Im Badezimmer:

- Spiegelschränke ausräumen und reinigen
- Wenn nötig Folgendes entkalken: Siphon bei den Armaturen, Wände der Duschkabine, Duschköpfe, Badewanne und Toilette

Die große Herausforderung und immer wiederkehrende Frage ist und bleibt: *Wo fange ich an?* Bevor wir überhaupt beginnen, brauchen wir ein *Ziel,* und auf dieses Ziel arbeiten wir hin:

Die *Vorhänge* abnehmen und waschen – sofern sie nicht in die Reinigung gegeben werden müssen – und die Teppiche hinausschaffen.

Es ist empfehlenswert, mit den *Heizungskörpern* anzufangen, da hier am meisten Staub aufgewirbelt wird. Bei Lamellenradiatoren hilft nur eines wirklich: ein Heißdampfgerät, da es verschiedene Düsen hat, die man je nach Heizungskörper und Lage anwenden kann, und genügend Druck erzeugt, um Staub und Spinnweben zu beseitigen. Durch den Dampf wird der Staub auch nicht aufgewirbelt, sondern landet auf einer alten Decke oder alten Zeitungen, die als Abdeckung vorher unter den Heizungskörper gelegt wurden.

Nun werden alle *Spinnweben* entfernt und die *Lampen* geputzt.

Jetzt kommen die *Rollläden* und Storen dran, dann die *Fensterrahmen* und die *Fenster.* Manchmal ist es einfacher, einen Tag ausschließlich für diese Aufgabe einzuplanen, weil dann der Putzrhythmus nicht unterbrochen werden muss.

Zuerst sollten die *Simse* (eine gute Ausmist-Gelegenheit!) und der Platz von dem Fenster frei geräumt und der Boden abgedeckt werden. Sie brauchen auch besonderes Werkzeug für die Fenster. Vermeiden Sie direkte Sonneneinstrahlung, denn bei Sonne ist die Gefahr von Streifenbildung viel größer.

Stellen Sie sich wieder kurz an die Türschwelle und nehmen Sie den Raum als Ganzes wahr. Entscheiden Sie sich, in welcher Richtung Sie gehen wollen, und arbeiten Sie ganz *systematisch von links oder rechts* die

Peripherie entlang und jeweils *von oben nach unten.* So wissen Sie immer, bis wo Sie gekommen sind, falls Sie aus irgendeinem Grund unterbrochen werden sollten.

Ich hänge die *Bilder* nicht ab, da es tolle Werkzeuge gibt, womit die Bilder auch von hinten abgestaubt werden können. Auch die *Bücherregale* räume ich nicht ganz aus.

Der *Boden* kommt zuletzt dran.

Während der Boden trocknet, kümmern Sie sich um eventuell auszuklopfende und zu reinigende *Teppiche.* Vielleicht haben Sie aber schon beim letzten guten Schneefall nach russischer Tradition die Teppiche im Schnee ausgeklopft. Ist das Zimmer mit Teppichboden ausgelegt, wird nun gesaugt und schamponiert.

Wenn Sie mit dieser Arbeit fertig sind, ist es gut, sich wieder auf die Schwelle des Raumes zu stellen, um zurückblickend die Dinge anzuschauen, die Sie getan haben, um festzustellen, ob alles seine Ordnung hat. Steht alles wieder an seinem Platz? Hängen die Vorhänge wieder richtig? Haben Sie auch wirklich nichts übersehen?

Frühjahrsputz auf dem PC

Neben den heimischen vier Wänden sollten Sie sich bei dieser Gelegenheit auch einmal Ihrem PC/Laptop widmen. Geschwindigkeitsverlust und Instabilität lassen sich nämlich nicht selten auf Datenmüll zurückführen, der sich in verschiedenen Ordnern befindet. Hier kann die traditionelle Putzaktion Wunder bewirken. Die erwähnte Webseite zeigt Ihnen, wie Sie Ihr System auf Vordermann bringen.[24]

Frühjahrsputz im Garten

Die beste Vorbereitung und Unterstützung für den Frühjahrsputz ist die Arbeit im Herbst. Wenn alles hier so gut wie möglich geschnitten, geräumt und von Unkraut befreit ist, haben Sie gar nicht so viel zu tun. Sobald die Gefahr starker Fröste vorüber ist, können jedoch verbliebene Triebe von Stauden bodennah abgeschnitten werden. Jetzt dürfen auch die Stauden geteilt und umgepflanzt oder verschenkt werden: vorsichtig ausgraben und in mehrere Teilstücke zerlegen. Manche Stauden wachsen in sehr dichten Horsten, bei diesen sind die außen befindlichen Triebe in der Regel die vitalsten, die dann am besten an anderer Stelle wieder eingepflanzt werden. Denn in neuer Umgebung gedeihen sie am besten.

Halbsträucher wie die blau blühende Bartblume (Caryopteris) können kräftig gestutzt werden, denn sie blüht besonders üppig im Spätsommer an Trieben, die in diesem Jahr wieder wachsen werden. Das gilt für Hortensien aber nicht! Hier nur die alten Blütenbüschel entfernen, damit nicht Blütenanlagen

Die beste Vorbereitung
und Unterstützung
für den Frühjahrsputz
ist die Arbeit im Herbst.

verloren gehen, die in den Knospen zwischen zarten Blättern verborgen sitzen. Es sei denn, alte Sträucher sind auszulichten, dann ganze Äste bodennah herausnehmen. Unter Rosen abgefallenes Laub entfernen, denn darin überwintern Pilzsporen des verbreiteten Sternrußtaus. Die Gefahr, dass junge Blätter von unten her infiziert werden, wird so verringert. Sobald die Forsythien in Ihrer Region blühen, können Sie die Rosen zurückschneiden. Die Rosen artgerecht schneiden. Lavendel dagegen jetzt besser noch nicht schneiden, sondern erst später, wenn neue Blättchen zu sehen sind.

Sehr jungen Kompost jetzt nur dünn ausbringen, etwa drei, maximal fünf Zentimeter dick. Das reicht, um den Boden mit Nährstoffen und Humus zu versorgen. Regenwürmer nehmen alles mit in die Tiefe, denn sie haben frischen Kompost zum Fressen gern. Bis dahin wird die Abdeckung aber Unkraut unterdrücken und den Boden feucht halten.

Frühjahrsputz für die Seele

Es braucht nicht immer ein stilles Zimmerchen, etwas Gutes für die Seele zu tun.

Wir können den Geist des Frühjahrsputzes ernst nehmen und versuchen, Herz und Kopf von dem angesammelten Groll und negativen Gefühlen zu befreien und die Aufgabe mit einer neuen Haltung und positiven Einstellung zu beginnen. Tatsächlich

„Warum fühlt ihr euch so oft arm und mittellos? Weil ihr daran gewöhnt seid, nach unten zu schauen, das heißt, all das zu sehen, was Grund für Sorgen, Ängste und Kümmernisse sein könnte. Ihr vergesst, nach oben zu blicken, dorthin, wo sich Licht und Schönheit befinden, wo alles ist, was eurer Seele einen Schwung geben kann, alles, was zur Entdeckung jener Mittel führt, dank derer man Schwierigkeiten überwinden kann. Was ihr auch tut, die Sorgen und Schwierigkeiten werden immer existieren, es ist nutzlos, gegen sie zu kämpfen, weil dabei eher ihr selbst zerschmettert werdet. Was ist also zu tun? Genau das, was man gegen Unwetter oder Insekten tut: Man rüstet sich aus. Gegen den Regen nimmt man einen Regenschirm; gegen die Kälte zieht man warme Kleider an;
gegen die Stechmücken spannt man ein Moskitonetz auf oder verwendet eine Substanz, die sie verjagt. Nun, gegen die Schwierigkeiten gibt es keine andere Lösung, als nach oben zu schauen, um Licht und Kraft zu empfangen.

Nach oben schauen bedeutet auch, sich über das freuen zu lernen, was man bisher vernachlässigt hat. Versucht, jeden Tag etwas zu entdecken, was euch gut tut oder euch entzückt – das kann eine Begegnung sein, ein Ereignis, ein Gegenstand, ein Gedanke –, legt sie in euer Herz, in eure Intelligenz, in euer Gedächtnis, und dankt dafür, dass ihr sie auf eurem Weg gefunden habt.“[25]

bietet unser Haushaltsalltag die Möglichkeit, unsere höchsten Ziele an ganz einfachen kleinen Aufgaben zu üben, zu kultivieren.

Als ich am Anfang meiner Firma oft nachts arbeitete und mich fragte, wie ich es aushalten sollte, beantwortete ich mir innerlich die Frage mit einem Satz, der mir irgendwann begegnet war: „Wenn du nicht tun kannst, was du liebst, so lerne zu lieben, was du tust." Ganz von alleine kam die nächste Frage: „Wie lerne ich das Putzen lieben?"

Ich erinnerte mich dann an eine Legende, die ich vor langer Zeit gehört hatte:

Es lebte ein Mönch in einem Kloster. Er war ein ganz einfacher Mann und verrichtete alle Arbeiten, die von den anderen Mönchen wenig geschätzt wurden: vom Putzen übers Geschirrspülen bis hin zum Bodenwischen. Er hatte aber eine bestimmte Eigenart. Zu jeder Tätigkeit sprach er einen Spruch: „Lieber Gott, sobald ich diesen Teller wasche, schicke mir die Engel, damit sie mein Herz so rein machen, wie ich diesen Teller rein mache." Oder ein anderes Mal: „Lieber Gott, sobald ich diesen Boden putze, schicke mir die Engel zur Hilfe, damit jeder, der diesen Boden betritt, von ihrer Gegenwart berührt werden darf." Zu allem hatte er einen Spruch. Die anderen Mönche bemerkten es. Zwar waren sie gerührt, aber letztlich doch nicht besonders beeindruckt. Viele, viele Jahre arbeitete er auf diese Weise. Die Legende berichtet, dass er, als er eines Morgens erwachte, erleuchtet war und dass Menschen von weit her kamen, um von seiner Weisheit zu lernen.

Ist eine Fensterscheibe schmutzig, dann können wir nicht gut hindurchsehen, selbst wenn die Sonne scheint. Früher, als man noch Öllampen hatte, musste die Hausmutter sie täglich putzen, weil sonst das Licht der Flamme nicht genügend hindurchgeschienen hätte. Ich dachte: So erging es dem Mönch. Da so viele Engel ständig an ihm herum gewaschen und gerieben hatten, musste er im Glanze der Weisheit erstrahlen. Damals wurde mir klar, dass alles, was wir nach außen tun, auch im Inneren wirkt.

Erkennen wir das Putzen als unterstützende Möglichkeit für verschiedene Lebensbereiche, wird auch die Seele erfrischt:

- Als Wahrnehmungsübung
- Als Selbstwahrnehmungsübung
- Als Erziehungshilfe vor allem im Willensbereich
- Als Gemeinschaftsbildungsmöglichkeit

Dies ist möglich, weil es uns täglich alle betrifft! Wer die Hauspflege als banal einstuft, läuft Gefahr, die Beziehung zu seinem Umfeld zu verlieren. Das führt zu Verwahrlosung. Die Verwahrlosung hat etwas Schleichendes, wird zu einer passiven Form des Vandalismus.

Im pflegenden Umgang mit den Dingen lernen wir das Wesenhafte erkennen. Wir können Eigenschaften wie Geduld, Rhythmus, Achtsamkeit, Wahrnehmung, Zuwendung, Durchhaltekraft, Eigenverantwortung üben und entwickeln und so die Seelenkräfte stärken.

Raumpflege ist eine erweiterte Menschenpflege und es verändert die Qualität unseres Handelns. Putzen will gelernt werden. Putzen will geliebt werden – erst dann entsteht die Pflege. Die Spanne zwischen Sinn und Sinnlosigkeit ist typisch menschlich, und jeder kennt die, der privat oder im Beruf einen Lappen, den Besen oder den Staubsauger zur Hand nimmt.

Sind wir völlig erschöpft, ist es oft sehr schwierig, Freude und Dankbarkeit empfinden zu können. Schnell kann einmal ein Gefühl von Langeweile und Gleichgültigkeit entstehen. Sobald wir aber den Sinn unserer Tätigkeit einsehen, gibt uns das oft erst den Mut, überhaupt damit anfangen zu können. Durch die Tätigkeit machen wir Erfahrungen, die ihren Sinn bestätigen. Daraus kann sich dann auch in uns ein Einsehen ergeben. Durch Einsicht kommt Freude, und Freude gibt uns Kraft. Lebenskraft zu spüren erweckt Gefühle der Dankbarkeit. Die Dankbarkeit ist heute eine essentielle Pflege der Gefühlswelt, der Seele. „Danke“ ist das einfachste Wort, das aber alle Spannungen löst. Aller Segen kann durch diesen einfachen Elan der Dankbarkeit zu uns kommen.

Weil wir bei dieser Tätigkeit so oft an die eigenen Grenzen stoßen, führt sie uns zu uns selbst. Um dies bewältigen zu können, bedarf es der Erziehung, vor allem der Selbsterziehung. Wir lernen, uns selbst immer besser wahrzunehmen (arbeiten wir mit Murren, Frust, Freude?), wir lernen uns selbst kennen, lernen uns selbst zu akzeptieren – all dies fördert die innere Entwicklung, steigert die eigene Kreativität, wir werden dadurch wieder produktiver. Sich selbst gegenüberzustehen, sich selbst zu erkennen, ist ein existenzieller Entwicklungsschritt – und dafür sind wir als Menschen doch auf dieser Welt! Unsere Talente sollen gedeihen, aber dazu müssen wir sie oft erst einmal entdecken! Der Frühjahrsputz bietet dafür unbegrenzte Möglichkeiten.

Viele Glaubensrichtungen und okkulte Lehren schildern, dass der Mensch aus verschiedenen Wesensgliedern aufgebaut ist. Die anthroposophische Geisteswissenschaft Rudolf Steiners beschreibt vier Wesensglieder:

Da ist zunächst der *Körper*. Zum physischen Leibe gehört ohne Zweifel auch seine Vergänglichkeit. Der physische Körper kann sich nicht aus sich heraus am Leben erhalten; sich selbst überlassen, würde er anfangen, zu verfaulen, zu vergehen, zu Staub verfallen – so wie er es im Todesfall ja auch tut.

Eine unsichtbare Energie: unser *Lebens- oder Ätherleib*, ist das, was den physischen Leib am Leben erhält. Er ist nicht aus Stoffen, sondern aus Lebensprozessen, Rhythmen, Dynamiken (also aus in der Zeit verlaufenden Vorgängen) aufgebaut. Jedes Wesen zeigt uns in seinem Wachsen, Blühen und Vergehen solche Prozesse. Der Lebensleib wird gestärkt durch rhythmische Vorgänge wie das regelmäßige Essen, Schlafen und Wachen, Spaziergehen und so weiter.

Die Art, wie wir mit unseren *Gedanken, Gefühlen und Willensimpulsen* umgehen, hat Einfluss auf unser Wohlbefinden. Dies ist die seelische Ebene unseres Menschenwesens, und diese Vorgänge haben ihren

Sitz im Empfindungs- oder Seelenleib, der auch als *Astralleib* bezeichnet wird. Wenn wir unglücklich, ja vielleicht sogar voller Sorgen oder wütend ins Bett gehen, werden wir uns nicht erholen. Wir haben eben Gefühle, Wünsche, Träume – und auch den Tatendrang, diese zu verwirklichen. Für unsere Gesundheit spielt auch eine Rolle, *wie* wir denken, *wie* wir unsere Meinungen bilden, *wie* wir eine Aufgabe erledigen.

Das vierte Wesensglied, *unser Ich,* sollte der Herrscher über die übrigen Wesensglieder sein. Es ist der Träger unserer Individualität; in unserem Ich fassen wir unsere Erlebnisse, unser Schicksal, alles, was wir gelernt haben, als unsere Persönlichkeit, unsere Identität zusammen. Das Ich kann sich durch die drei übrigen Wesensglieder mit der Welt in Beziehung setzen oder sich von ihr distanzieren. In unserem Ich liegt unsere unerschöpfliche Lebensquelle.

In unseren Bemühungen, Gleichgewicht zu finden zwischen unserem Streben nach Selbstverwirklichung, Schönheit, Ordnung und den Notwendigkeiten des Alltags – da finden wir den Ansatz für die Raumpflege und auch für die *Seelenpflege!*

Wir lernen Wesentliches vom Unwesentlichen zu unterscheiden, Prioritäten zu setzen und, vor allem, uns selbst (und der Familie) etwas zuzutrauen.

Die zwei wichtigsten Schritte sind also:

1. Vom Sollen zum Wollen (nicht Müssen!) und
2. Vom Wollen zum Tun

Nehmen Sie sich nur so viel vor, wie Sie auch tatsächlich schaffen. Jede abgeschlossene Tätigkeit wirkt befreiend. Aber am wichtigsten ist: Schließen wir ein Vorhaben ab, sprudelt Energie für etwas Neues.

6

TIPPS FÜR DAS PUTZEN RUND UMS JAHR

„Wie wunderbar es ist,
zu putzen und sauberzumachen.
Tag für Tag werden Herz und Geist klarer."
THÍCH NHÁT HANH[26]

Damit Ihr nächster Frühjahrsputz keine Schwerstarbeit wird, eignen Sie sich einen gesunden *Rhythmus* für die Haushaltsaufgaben im *Jahreslauf* an. Das kann die *typischen* Frühjahrsputz-Aufgaben stark reduzieren.

Der ganze Kosmos und seine Gesetze basieren auf Rhythmus, aber im Haushalt will er gepflegt werden. In vielen Kulturen finden wir Rhythmen, die einst die Tagesabläufe bestimmten. Sogar die Wochen-, Monats- und Jahresrhythmen gaben Halt und Struktur. Was einen Rhythmus hat, hat auch eine Ordnung. Wer eine gewisse Ordnung hält, kann das große Aufräumen vor dem Frühjahrsputz umgehen.

Unordnung entsteht oft, weil zu viel angesammelt wurde, die Wohnräume schlecht organisiert sind oder einfach zu wenig Platz vorhanden ist. Bei vielen Menschen scheint es einfacher, im Büro alles im Griff zu haben, während die Ordnung zuhause kaum zu bewältigen scheint. Eine beständige Grundordnung zu halten ist eine große Hilfe, vor allem wenn Kinder im Haus sind. Es ist nicht einfach, aber man kann es üben, je früher desto besser, und am liebsten mit der ganzen Familie.

Aufräumen bedeutet in erster Linie, dass man in kurzen Abständen prüft, ob das, was Platz einnimmt, auch wirklich gebraucht wird. Alle Gebrauchsgegenstände, die länger als sechs Monate nicht benutzt wurden, gehören in den Keller oder auf den Speicher. Wenn etwas mehr als ein Jahr nicht gebraucht wurde, kann man sich fragen, ob es den Platz verdient, den es einnimmt.

Zur Ordnung gehört, dass man sich ein gutes Ordnungssystem schafft. Wenn das, was in der Wohnung gebraucht wird, seinen Platz hat, lernen die Kinder schon recht früh, dass nichts anderes dorthin gehört.

Beim Putzen hilft der Rhythmus uns, uns mit unserer Tätigkeit zu verbinden. Wenn es uns gelingt, uns der Tätigkeit ganz hinzugeben, dann können wir auch in den der jeweiligen Arbeit eigenen Rhythmus hineinkommen. Die Arbeit scheint dann auf einmal leichter, so als ob uns geholfen würde. Oft verschwindet sogar die Müdigkeit und ein Gefühl von Zufriedenheit und Freude überkommt uns. Wir haben manchmal auch das Gefühl, es werde uns Zeit geschenkt. (Sind hier doch noch die Heinzelmännchen am Werk?)

Wir sprechen oft von einem „gesunden Rhythmus“. Rhythmus dürfen wir aber nicht mit Routine verwechseln. Alles, was sich im Leben wiederholt, kann zur Routine werden, und nichts ist erdrückender als ein monoton verlaufender Alltag. Im Gegensatz zur Routine, die zermürbend sein kann, ist der Rhythmus etwas Lebendiges. Eine rhythmische Betonung bringt Farbe ins Leben und erleichtert die Tätigkeit. Hier sind der Phantasie keine Grenzen gesetzt. Rhythmus ist Kraft – wer dies erkennt, wird mit dem Tag anders fertig.

Hier einige *Beispiele* von Rhythmen, die wir als Familie gepflegt haben:

Das *Waschbecken* im Badezimmer ist mir ein Anliegen. Nach dem Zähneputzen wird es sofort mit einem weichen Tuch gewischt. Es ist ein großes Doppelbecken, aber da ich es täglich putze, brauche ich kein Putzmittel – und kaum dreißig Sekunden dafür! Die Kinder haben es sehr früh schon wahrgenommen und wollten immer dabei helfen. Beim Aufstehen strahlt mir dann immer ein glänzend weißes Waschbecken entgegen und vermittelt mir damit ein Lebensgefühl, auf das ich nicht verzichten möchte.

Als meine Kinder noch klein waren und der Tag nie genug Stunden hatte, war meine Rettung, *morgens 15 Minuten früher aufzustehen* – diese Zeit reichte aus, um täglich mit kleinem Aufwand Ordnung in die Wohnung zu bekommen. Abends vor dem Schlafengehen nahm ich mir etwas für die 15 Minuten des nächsten Morgen vor und konnte dann diese Viertelstunde ganz gezielt nutzen. Diese morgendlich frühe Tatkraft brachte ein Gefühl der Sicherheit in den Tag – und das bewährte sich. Es ist fruchtbar, sich am Abend zuvor ein Bild davon zu machen, wie man den nächsten Tag gestalten will.

Sobald die Kinder dann größer waren, war das Anschauen aller Gemeinschaftsräume ein wichtiges *Abendritual*: Küche, Wohn- und Esszimmer, Flur und Badezimmer. Welche persönlichen Dinge gibt es in diesen Räumen, die hier nicht hingehören, nicht am richtigen Platze sind? Eine Aktentasche, Handtasche, Pullover, Zeitschrift, Musikinstrument, Schulhefte, Spielzeug? Wenn jede Person das Eigene oder das zuletzt Gebrauchte wegräumt, entsteht gleich eine Grund- und zur gleichen Zeit lebendige Ordnung.

Am wichtigsten daran war für mich das Gefühl: Ich fange meinen neuen Tag ohne Altlasten an!

Wahrnehmung ist Gegenwart

Vieles, was ich in der Reinigungsfirma gelernt und angewendet habe, wurde auf das Zuhause übertragen: In unserer Reinigungsfirma wurde die Wachheit des Personals dahin gehend geschult, wahrzunehmen, ob und wann etwas eine Reparatur braucht. Beim Putzen stellen wir fest, ob alle Glühbirnen noch funktionieren, ob der Staubsauger richtig tönt und richtig riecht.

Es ist erstaunlich, wie gut Menschen lernen können, sich auf ihre Sinneswahrnehmungen zu verlassen. Vor allem Gerüche können sehr viel verraten. Mäuse beispielsweise riecht man, auch wenn man sie nicht sieht. Dasselbe gilt für Schimmel. Der Geruch vom Gully verrät, ob er ausgetrocknet ist oder nicht.

Auch wenn eine Gasdichtung mal nicht dicht ist, fällt das als Erstes durch den Geruch auf. Kalkablagerungen hinter der WC-Schüssel weisen darauf hin, dass eine Dichtung nicht richtig funktioniert. Je nachdem, wo sich Kalkrückstände beim Waschbecken bilden, deutet es auf einen tropfenden Wasserhahn oder auf ein Leck bei der Verbindung zum Rohr hin. Ein unerklärlicher Wasserfleck verrät uns, dass es irgendwo tropft: der Heizungskörper, ein Leck im Dach, ein Rohr unter dem Abwaschtrog in der Küche? Schimmel weist auf zu hohe Feuchtigkeit hin oder auf ungenügende Lüftung.

Größere Sachen, wie das Erneuern von Gegenständen, Boiler entkalken, Fensterrahmen neu streichen und vieles mehr – all das braucht seinen eigenen Rhythmus und manchmal auch einen Fachmann.

Küche

Das *tägliche Aufräumen* der Küche vereinfacht das Leben: Schon beim Frühstück können wir den Verlauf des Tages bestimmen: Verlassen Sie nie mit leeren Händen den Tisch. Alles hat seinen Platz und kehrt sofort nach Benutzung wieder dorthin zurück. Dreckiges Geschirr gehört direkt in die Spülmaschine oder wird gleich abgewaschen. Marmelade, Butter, Milch und alles andere gehören gleich nach Gebrauch wieder an ihren Platz.

Der *Fußboden* sollte täglich gefegt und bei Bedarf feucht gewischt werden.

Die *Küchenordnung* soll vor allem der Praxis dienen: Der Grundordnung zuliebe sollte man in der Küche nur wenige Gegenstände außerhalb der Schränke aufbewahren. Die Kochlöffel beim Herd, Salz und die gängigsten Gewürze sollten in unmittelbarer Nähe sein. Bei mir stehen Getreide- und Zuckerbehälter oben auf dem Schrank. Dort sind sie für mich immer griffbereit. Wie kurz sind die Wege, wenn ich kochen oder backen möchte? Stehen die Zutaten griffbereit? Durch zu viel Hin- und Herlaufen in der Küche entsteht Unordnung.

Die *Küchenschränke*: Was blockiert und füllt den kostbaren Raum? Utensilien, die nie gebraucht werden?
Alte Kochbücher? Exotische Gewürze, die ich seit den Ferien vor fünf Jahren doch nie ausprobiert habe? Was Sie nicht brauchen, entsorgen Sie.

Im *Geschirrschrank* nichts übereinander stellen. Das verhindert, dass man schnell wieder zurückräumen kann. Man richtet alles so ein, dass man es schnell wegräumen kann, ohne dass andere Sachen angehoben oder weggestellt werden müssen. Denn wenn für das Wegräumen erst einmal im Schrank herumgeräumt werden muss, ist zu befürchten, dass man erst gar nicht wegräumt, weil es zu umständlich ist.

Vor dem *Kochen oder Backen* sollte man zuerst Platz schaffen. Die Spülmaschine sollte ausgeräumt und der Abwasch gemacht sein, damit man bereits während des Arbeitens problemlos aufräumen kann. Das heißt: Benutzte Utensilien werden sofort abgewaschen oder in die Spülmaschine geräumt. Sobald zum Beispiel Mehl, Butter oder Eier nicht mehr gebraucht werden, sollen sie dorthin zurück, wo sie hingehören. So kann eigentlich kein Chaos entstehen.

Vor dem *Einkauf* Ordnung im Kühlschrank schaffen. Bestand und Zustand von Frischobst und Gemüse prüfen. Ab und zu die Ordnung in der Tiefkühltruhe und die Haltbarkeit von Lebensmitteln kontrollieren.

Kühl- und Gefrierschränke verbrauchen erheblich mehr Energie, wenn sie vereist sind. Deshalb mehr als einmal im Jahr abtauen. Dazu das Gefriergut kurzfristig bei maximaler Temperatur gefrieren, herausnehmen und an einem kühlen Ort zwischenlagern. Den Abtauvorgang im Kühlschrank mit Schälchen von heißem Wasser beschleunigen und nach Reinigung die Schränke wieder zügig füllen.

Den *Kühlschrank* putzt man *innen* gut mit Backsoda (Natron), da es ohne zu kratzen scheuert und darüber hinaus auch noch desinfiziert. Zudem hilft etwas Backsoda auf einem Tellerchen, Gerüche (wie Zwiebel oder Käse) zu absorbieren. Finden Sie die Ursache eines Geruchs nicht, Flaschenhalter in der Türe kontrollieren. Milch oder Sahne verursachen schnell Geruch, wenn sie aus Versehen verschüttet werden.

Herd und Backofen: Angebranntes mit Soda einsprühen und mit einer Klinge entfernen. Was an den Seitenwänden (nicht bei selbstreinigenden Öfen) und am Backrost zurückbleibt, mit Soda einsprühen und mit Edelstahl-Knäuel entfernen. Mit feuchtem Fasertuch nachwischen.

Bei regelmäßiger Reinigung lässt sich der *Luftabzug* gut mit Fasertuch und Reinigungswasser, bei stärkerer Verschmutzung mit Soda reinigen. Die Filter regelmäßig in der Geschirrspülmaschine spülen. Bei sehr starker Verschmutzung vorher in einer Lauge aus Feinkristallsoda (Waschsoda) und heißem Wasser einlegen.

Geschirrspülmaschine: Geschliffene Chromstahltüren lassen sich sehr gut mit Reinigungswasser und einem Fasertuch pflegen. Die Innenränder der Türe soll man von Zeit zu Zeit mit Soda einsprühen und abwischen, damit sie nicht zu fest verkrusten. Wird öfters geputzt, dann reichen ein Fasertuch und Reinigungswasser. Spülmaschinen wenigstens zweimal im Jahr mit einem Spezialwaschmittel behandeln. Regelmäßig Salz nachfüllen und das Sieb kontrollieren.

Regelmäßiger Turnus: Da *Küchenstaub* ein fettiger Staub ist, der sich nicht so leicht entfernen lässt, hilft es, in einem regelmäßigen Turnus, etwa alle sechs Monate, oben auf den Schränken abzustauben und abzuwischen, die Küchenfronten und etwaige Behälter abzuwischen; sie bleiben dann auch sauber.

Jedes Mal, wenn der *Abfallkübel* oder *Kompostkübel* geleert werden, sollte auch der dazugehörige Schrank ausgewischt werden. Es fällt ja manchmal etwas herunter oder spritzt über den Behälter hinaus. Wird hier nicht regelmäßig sauber gemacht, kann dadurch Ungeziefer angelockt werden.

Das Einnisten von *Mehlmotten* kann gut vermieden werden, indem man Lebensmittel (wie z.B. Mehl und gemahlene Nüsse, aber auch Kräutertees und Dörrobst) in Behältern und gut verschlossen aufbewahrt.

Das Badezimmer

Wenn im Bad *sofort aufgeräumt* wird, kann man ein mittelschweres Chaos vermeiden: Zahnpasta, Deo, Rasierschaum usw. gleich nach Gebrauch wegräumen. Frottee-Tücher gleich aufhängen und schmutzige Wäsche direkt in den Waschkorb tun.

Bevor *Nassbereiche* geputzt werden, sollte zuerst der *Boden* gefegt oder gesaugt werden, damit keine Haare oder Staubreste am Boden kleben bleiben. Am Schluss wird gewischt.

Wenn die Kacheln der *Duschwände* oder *die Badewanne* mit einem Fensterabzieher direkt nach dem Duschen oder Baden abgezogen werden, können Kalkablagerungen erst gar nicht entstehen.

Bei starker *Verkalkung* die Kacheln vorher gut mit der Duschbrause besprühen, damit die Fugen möglichst mit Wasser vollgesogen sind. Wenn Sie jetzt mit einem

Nach jedem Gebrauch sollten die Haare entfernt – und nicht weggespült – werden, sonst verstopfen die Abflussrohre. Man nimmt ein Stückchen Klopapier und wirft es in die Abfalltonne. Wenn das Wasser wegen zu vieler Haare im Abfluss nicht mehr gut ablaufen kann, nehmen Sie eine alte Zahnbürste, stecken Sie sie in den Abfluss, drehen Sie ein paar Mal und ziehen Sie sie dann heraus. Gleich alles entsorgen – es kann sehr unangenehm sein!

etwas stärkeren Mittel (Sanica von der Firma Bonadea, Kalklöser von Sonett, Zitronensäure oder Putzessig) reinigen, werden die Fugen nicht durch die Säure gelöst.

Silikonfugen nach jedem Gebrauch nachtrocknen. Sind sie erst mit Schimmel besetzt, gibt es leider kein anderes Mittel, als sie zu erneuern, da die Schimmelbildung unter der Oberfläche entsteht.

Schimmelbildung in den Fugen zwischen Fliesen im Bad oder an den Wänden beugt man am besten mit der richtigen Geste beim Putzen vor. Reinigen Sie mit dem Fasertuch und *etwas Zitronensäure* mit den Fingerspitzen die Fugen. Bei bestehenden Schimmel- und Kalkresten kann man sie mit einer Wurzelbürste oder einem Polierstein wieder sauber machen. Falls der Schimmelbefall aber schon zu weit fortgeschritten ist, nehmen Sie ganz wenig Chlorbleiche (1 Teelöffel auf 3 dl Wasser), danach abwaschen und gut trocknen lassen. Anschließend mit Teebaumöl oder Grapefruitkernöl behandeln, um weiterer Schimmelbildung vorzubeugen.

Nach dem Waschen *Duschvorhänge* jeweils in Salzwasser legen, einige Zeit einwirken lassen. Dies verhindert die Schimmelbildung. Bei regelmäßiger Wiederholung bleibt der Vorhang lange schön.

Den Überlauf im *Waschbecken* regelmäßig mit einer speziellen Bürste reinigen, so entwickelt sich kein

Schimmel. Verwenden Sie kein Scheuermittel, sondern ein leicht säurehaltiges Mittel, zum Beispiel Zitronensäure.

Nach jedem Gebrauch sollten die *Haare entfernt* – und nicht weggespült – werden, sonst verstopfen die Abflussrohre. Man nimmt ein Stückchen Klopapier und wirft es in die Abfalltonne. Wenn das Wasser wegen zu vieler Haare im Abfluss nicht mehr gut ablaufen kann, nehmen Sie eine alte Zahnbürste, stecken Sie sie in den Abfluss, drehen Sie ein paar Mal und ziehen Sie sie dann heraus. Gleich alles entsorgen – es kann sehr unangenehm sein!

Spiegelschrank beim Waschbecken regelmäßig prüfen. Abgelaufene Medikamente sofort entsorgen und Rückstände von Kosmetikfläschchen oder Ölen entfernen, sonst werden die Abstellflächen sehr klebrig. Zweimal im Monat die oberen Flächen abstauben, da durch die Wärme der Lampen sehr schnell Staub gebildet wird.

Auf *Desinfektionsmittel* kann im eigenen Haushalt in der Regel ganz verzichtet werden, zum einen, weil sie unnötig sind, zum anderen, weil sie sogar das natürliche Immunsystem des Körpers unterfordern und damit langfristig eher die Entstehung von Allergien unterstützen.

Wohnräume:
Wohnzimmer, Esszimmer, Schlafzimmer

In den *Wohnräumen* sollen *Spinnweben* regelmäßig entfernt werden.

Indem wir die Peripherie entlang arbeiten, finden wir *Staubecken* und können sie gründlich entstauben, auch *hinter* den *Möbeln* und *Bildern*.

Ledermöbel mit einem leicht feuchten Tuch abwischen. Von Zeit zu Zeit mit einem geeigneten Mittel pflegen. Frische Fettflecken lassen sich oft mit wenig steif geschlagenem Eiweiß entfernen. Dieses mit einem Lappen sorgfältig einreiben (zuerst an versteckter Stelle ausprobieren).

Wenn die *Polster* der Möbel für die Waschmaschine zu groß sind, gibt es folgenden Trick: Man legt ein feuchtes Tuch auf das Polstermöbel, klopft auf das Tuch mit einem flachen Gegenstand, zum Beispiel mit der Rückseite des Handfegers. Darin fängt sich der Staub und gleichzeitig frischt es die Farbe des Polsters auf. Es gibt aber auch Faser-Putzhandschuhe, womit man die Polster sehr schön auffrischen kann. *Flecken* lassen sich gut entfernen, indem man sie mit etwas Reinigungswasser einsprüht und nachher mit dem Fasertuch tupft. Dies gilt auch für *Teppiche*.

Helles Holz lässt sich gut mit einer Mischung aus Essig, Öl und einem Teelöffel Salz auffrischen. *Dunkles Holz* hingegen bringt man mit einer schaumig geschlagenen Mixtur aus Rotwein und Öl wieder zum Glänzen. Danach muss man nur noch kräftig mit einem Woll-lappen nachpolieren.

Kratzer auf Holz lassen sich mit einem Flaschenkorken, der in eine Essig-Öl-Mischung getaucht wird, teilweise entfernen. Kratzer mit kreisenden Bewegungen einreiben, Vorgang mehrmals wiederholen.

Um *Wasserränder auf Holz* zu beseitigen, nimmt man je einen Teelöffel Butter und Mayonnaise sowie ein bisschen Zigarettenasche. Vermischen und auf den Wasserfleck auftragen. Nach fünf Minuten mit einem weichen Tuch nachpolieren.

Mit einem *Fön* lässt sich *Kerzenwachs auf Holzparkett* verflüssigen.

Auch alte *Röhren-Heizkörper* können mit diesem Gerät gereinigt werden. Dazu legt man unter den Heizkörper ein feuchtes Tuch auf den Boden und fönt von oben durch das Metall. Dadurch fängt sich aller Schmutz auf dem Tuch.

Bei nicht versiegelten *Holzböden* sollten die Böden in regelmäßigen Abständen mit einem Pflegemittel behandelt werden, das auf das Produkt, mit dem der Boden behandelt wurde, abgestimmt ist.

Alte *Zeitschriften, Zeitungen und Kataloge* gehören nicht ins *Wohnzimmer. Tischwäsche* versorgt man am besten in der Nähe des *Esstischs.*

Schlafzimmer

Im *Schlafzimmer* geht man gleich vor wie im Wohnzimmer.

Wenn möglich, *vermeiden Sie* es, den *Arbeitsplatz im Schlafzimmer* zu haben. Bei Kindern geht es meistens nicht anders, deswegen hilft es sehr, wenn dort nach Ordnung geschaut wird. (Ich weiß, wie schwer es ist, wenn die Kinder anfangen zu pubertieren!)

Vermeiden Sie das *An- und Ausziehen im Schlafzimmer.* Im Badezimmer kann die Wäsche direkt im Wäschekorb landen oder aufgehängt werden, falls sie nochmals angezogen werden soll.

Bettwäsche verstaut man am besten im *Schlafzimmer.*

Zur Vorbeugung von *Motten* kann man Zedernholz, Kernseife oder Lavendel verwenden sowie Nelkenöl oder Gewürznelken im Säckchen oder auch Neemöl. Motten haben nichts mit Hygiene oder Unordnung zu tun. Motten gibt es wieder vermehrt, weil häufiger Kleidung aus Naturfaser getragen wird. Auch Echtholz-Schränke sind wieder beliebter. Wer nur Synthetik im Schrank hat, braucht die unliebsamen Tierchen nicht zu fürchten. Sie bevorzugen reine Wolle, insbesondere Kaschmir. Auch aus diesem Grund sollte der Schrank regelmäßig im Abstand von etwa sechs Monaten ausgeräumt und kontrolliert werden. Der Schrank kann mit Essig oder Rosmarinöl ausgewaschen werden. Wichtig sind vor allem die Ecken.

Danach gut auslüften und trocknen lassen. Erst dann sollte wieder sortiert eingeräumt werden. Wenn man schon einmal Motten hatte, reicht das nicht aus. Es nutzt nichts, Kleidungsstücke, in denen sich Motten eingenistet haben, bei niedrigen Temperaturen zu waschen. Erst bei 60 Grad wird man sie los. Also im Notfall nur die Stücke waschen, die schon befallen sind.

Bei *Kleidermotten* können auch die *Larven der Teppich- und Pelzkäfer* an Textilien großen Schaden anrichten. Zur Bekämpfung von Kleidermotten-, Teppich- und Pelzkäferlarven kann man Produkte aus Neemöl verwenden. Mit Produkten auf Neemölbasis als Fraßgift können auch befallene Textilien behandelt werden. Die Wirkung dieses Fraßgiftes hält mehrere Monate an. Neemöl ist ein Extrakt des tropischen Neembaumes, der in den letzten Jahren im biologischen Pflanzenschutz eine große Bedeutung erlangt hat.

Damit *Kleidung*, die wir noch brauchen, am Ende der Saison auch noch frisch und mottenfrei ist, ist es ratsam, Wintersachen zu reinigen oder zu waschen. Schließlich ernähren sich Motten zunächst einmal von verbliebenen Hautschüppchen und die gilt es erst gar nicht anzubieten. Dann die Kleidung in Reißverschlusssäcke verpacken – Kartons lassen zu viele Einschlupflöcher für Schädlinge offen – und mit Lavendelsäckchen, stark duftender, natürlicher Seife oder Zedernhölzern versehen. Noch eine Bemerkung zu den *Betten*: Matratzen haben oft eine Sommer- und eine Winterseite. Hier ist wenden angesagt.

Matratzenbezüge und Auflagen waschen. Auch *Daunenkissen* und *-betten* lassen sich in der Regel waschen. Auf Grund der Masse muss hier allerdings auf große Maschinen und Trockner in Waschsalons zurückgegriffen werden. Für Allergiker-Betten und -Kissen gibt es im Bettenfachhandel Hohlfasern zum Auffüllen.

Kinderzimmer

Ordnung ist auch im Kinderzimmer wichtig. Schon im Vorfeld kann man darauf achten, dass die *Spielsachen* in Körbe oder Behälter versorgt werden. Auch hier ist es einfacher, wenn die Dinge ihren Platz haben. Es ist schön, vor dem Schlafengehen mit den Kindern erst Ordnung zu schaffen. Ich sagte immer: „Mama erzählt in einem unaufgeräumten Zimmer keine Gute-Nacht-Geschichte." Da wir aber alle die Geschichten sehr liebten, machten wir es auch gerne.

Alle *Kleidungsstücke*, die am nächsten Tag nicht wieder angezogen werden, kommen direkt in den Wäschekorb oder werden wieder in den Schrank gehängt, anstatt sie achtlos auf den Boden zu werfen und dort liegen zu lassen.

Ein *gründliches Aufräumen* des Kinderzimmers fand ich immer vor *Geburtstagen* oder in der *Adventszeit* besonders sinnvoll. So konnten wir Spielsachen aussortieren, um Platz für neue Sachen zu schaffen. Immer gab es solche, die bleiben durften, einige gingen nach Afrika und noch andere wurden verpackt und auf den

Speicher geräumt. Wurden diese dann nach einiger Zeit wieder hervorgeholt, war die Freude groß. Es wurde eifrig damit gespielt, und fast immer durften diese Sachen beim nächsten Aufräumtag dann nach Afrika gehen. Was wirklich kaputt oder nicht mehr schön war, wurde am Aufräumtag direkt entsorgt.

Pflege der Putzräume oder -schränke

Alle *Reinigungsmittel und -geräte* sollten immer wieder dorthin gebracht werden, wo sie vorgefunden wurden.

Alle *Schwämme* und *Fasertücher*, auch Bodentücher müssen nach Gebrauch sauber gespült und zum Trocknen aufgehängt werden.

Aufgebrauchte *Reinigungsmittel* sollten direkt nach dem Gebrauch aufgefüllt werden, damit man beim nächsten Putzen gleich mit der Arbeit anfangen kann, ohne sich um Nachschub kümmern zu müssen.

Der *Staubsauger* sollte regelmäßig überprüft werden, damit der Staubbeutel nicht zu voll wird, und der Filter sollte auch ausgewechselt werden. Wird der *Staubsauger zurückgestellt*, bitte immer kontrollieren, ob nicht auch der *Putzschrank* gesaugt werden sollte.

Waschküche

Hier bildet sich sehr schnell Staub und auch Feuchtigkeit. Der Raum sollte oft gesaugt und gelüftet werden. Einmal im Jahr könnten die Rohre und andere Gegenstände gründlich abgestaubt werden.

Pflegen Sie Ihre *Waschmaschine*, indem Sie sie nach Gebrauch abwischen. Wenigstens einmal monatlich könnten Sie den Füllbehälter von Waschpulver herausnehmen und auswaschen. Hier bildet sich schnell Schimmel.

Die *Filter* und die *Fusselsiebe* sollen regelmäßig gereinigt werden.

Die *Türen* sollten auch ab und zu von innen gewischt werden, der *Abwasserschlauch* gereinigt und auf mögliche Bruchstellen untersucht werden.

Dichtungen halten länger, wenn sie ab und zu eingepudert werden.

Ein grundsätzlicher Tipp: Bewahren Sie *Gebrauchsanweisungen* in jedem Fall auf, da sie für Reinigung und Wartung benötigt werden.

Keller und Dachboden/Estrich

Es ist gut, von Zeit zu Zeit durchzugehen, *Spinnweben* zu entfernen, zu saugen, um den Raum zu durchdringen. Ein Büschel getrockneten Salbei irgendwo aufzuhängen und ab und zu auszuwechseln hilft auch diese Räume bewusst zu begleiten. Wenn Sie eine *große Aufräumaktion im Hause* planen, fangen Sie mit diesen beiden Orten an. Im Keller und auf dem Speicher sind die Gegenstände, die schon seit längerem nicht mehr gebraucht wurden und die Sie womöglich gar nicht mehr vermissen. Wenn hier ein Freiraum entsteht, wird es einfacher, die Sachen, die den Wohnraum blockieren, wegzuräumen.

Wenn Sie versuchen, diese Tipps zu befolgen, ist nach dem nächsten Frühjahrsputz bestimmt noch Zeit und Kraft übrig für ein Frühjahrsfest!

Literatur

1 *Hermann Hesse*, Gedichte, Gesammelte Werke Bd. 1, Frankfurt am Main 1987, S. 119

2 *Josef Joffe*, „Was die großen Religionen zu Ostern eint" von: 8. April 2012 im Zeit-Online; http://www.zeit.de/2012/15/01-Ostern-Religionen zuletzt abgerufen am 7.2.2013

3 http://www.irania.eu/Kultur/nouruz.html zuletzt abgerufen am 20.2.2014

4 *Johann Wolfgang von Goethe*, Gesammelte Werke in sieben Bänden, West-östlicher Diwan, Kapitel 13, Parsei Nameh: Buch des Parsen, Vermächtnis altpersischen Glaubens, Gütersloh o.J.

5 *Jean-Claude Kaufmann*, Mit Leib und Seele: Theorie der Haushaltstätigkeit, Konstanz 1999, S. 20

6 *Rudolf Steiner*, GA 93a, Vortrag vom 11. Oktober 1905, S. 124

7 *André Leroi-Gourhan*, Hand und Wort. Die Evolution von Technik, Sprache und Kunst, Frankfurt a. M. 1987, S. 388

8 *Jean-Claude Kaufmann*, Mit Leib und Seele: Theorie der Haushaltstätigkeit, Konstanz 1999, S. 21

9 Ebd.

10 *André Leroi-Gourhan*, Hand und Wort. Die Evolution von Technik, Sprache und Kunst, Frankfurt 1987, S. 397

11 *Jean-Claude Kaufmann*, Mit Leib und Seele: Theorie der Haushaltstätigkeit, Konstanz 1999, S. 21

12 *Johann Wolfgang von Goethe*, Faust, Winterbach 1999, S. 378

13 *Peter Selg*, Tagungshandbuch zur Putzfachtagung Dornach 2006, Vortrag vom 28.4.2006

14 *Fritz Götte*, Die Putzfrau, in: Der Merkur. Anzeigenbeilage zu den „Mitteilungen aus der Anthroposophischen Arbeit in Deutschland". 9. Ausgabe, Weihnachten 1951, S. 2

15 www.schwaebisch-schwaetza.de zuletzt abgerufen am 16.2.2014

16 http://gutezitate.com/zitat/123739
zuletzt abgerufen am 12.2.2014
17 *Ralph Waldo Emerson*, Von der Schönheit des Guten, Nr. 8, Zürich 1992, S. 27
18 *Margarita Woloschin*, Die grüne Schlange – Lebenserinnerungen einer Malerin, Frankfurt 1982, S. 19
19 *Lew N. Tolstoj*, Anna Karenina, Bergisch Gladbach 1997, S. 231
20 *Eckhart Tolle*, http://www.sasserlone.de/zitat/68/eckhart.tolle/ zuletzt abgerufen am 5.3.2014
21 *Ulrich Meyer*, Verträglichkeit natürlicher ätherischer Öle bei ausgewiesenen Duftstoff-Mix-Allergikern, in: Der Merkurstab Nr. 1/2004: S. 61–63; BDIH: Allergieauslösende Duftstoffe in Kosmetik; Weleda: Natürliche Öle sind gut verträglich, in: Weleda-Nachrichten Nr. 229/2003
22 *Erich Fromm*, Zitat aus einem Interview mit Heinrich Jaenecke in: Der Stern, Nr. 14/1980, S. 306–309
23 *Kahlil Gibran*, Der Prophet, München 2004, S. 60
24 http://digitalewelt.freenet.de/sicherheit/datenschutz/fruehjahrsputz-auf-dem-pc_520400_1055654.html
zuletzt abgerufen am 16.2.2014
25 *Aïvanhov*, Tagesgedanke vom 24.2.2014
http://prosveta.de/tagesgedanken/24-februar-2014
zuletzt abgerufen am 24.2.2014
26 *Thích Nhát Hanh*, Schritte der Achtsamkeit, Freiburg im Breisgau 1996, S. 16

Fotos

S. 39 Magnus Manske CC-BY-SA-2.0-DE
http://commons.wikimedia.org/wiki/File:Kehr-Woche.png
zuletzt abgerufen am 12.3.2014
S. 117 © asf / iStockphoto.com/vamg
S. 46, 54, 74, 79, 93, 104, 137 © iStockphoto.com/vamg

WAS ICH TUE, IST EINZIGARTIG
Sibylle Strofus, WALA Gärtnerin
Genauso einzigartig wie die WALA Arzneimittel.
Kräftige, gesunde Heilpflanzen stehen am Anfang – natürliche, verträgliche Arzneimittel am Ende.
WALA Arzneimittel
WALA Heilmittel GmbH • 73085 Bad Boll/Eckwälden • www.walaarzneimittel.de

Linda Thomas

Putzen!?

Von der lästigen Notwendigkeit zu einer Liebeserklärung an die Gegenwart

Wenige (noch) lieben das Putzen. Was aber, wenn diese Tätigkeit einen größeren Einfluss auf die Wohnqualität und Befindlichkeit – ja, die Selbstentfaltung der Bewohner ausübt, als der erste Blick vermuten lässt?

3. Aufl. 2011, 264 S., Kt., 978-3-7235-1409-2
In Kooperation mit Gesundheitspflege initiativ

Verlag am Goetheanum

ARS
HERBARIA
Heilpflanzen im Jahreslauf
KARIN MECOZZI
Mit vielen
REZEPTEN
NATURA VERLAG

Rudolf Isler

Nachhaltigkeit?!

Wege aus der Krise durch freie Initiativen
Wirtschaft, Staat und Kultur neu denken

Nicht nur in der Finanzwirtschaft spitzen sich die Krisen des öffentlichen Lebens immer weiter zu. Der Ruf nach strengen staatlichen, auch internationalen Regelungen wird lauter, anderseits aber werden Regulierungen bekämpft, damit sich die Kräfte des Marktes ungehindert auswirken können.

1. Aufl. 2013, 280 S., Kt., 978-3-7235-1486-3

Verlag am Goetheanum